BESTACTIVITYBOOKS.COM

PREMIERE ÉDITION

Dépôt légal, 2022

Illustration Graphique Extra: www.freepik.com
Merci à Alekksall, Starline, Pch.vector, Rawpixel.com, Vectorpocket, Dgim-studio, Upklyak, Macrovector, Stockgiu, Pikisuperstar & Freepik.com Designers

5 ASTUCES POUR DÉMARRER !

1) COMMENT RÉSOUDRE LES MOTS MÊLÉS

Les puzzles sont dans un format classique :

- Les mots sont cachés sans espaces, tirets, ...
- Orientation : Les mots peuvent être écrits en avant, en arrière, vers le haut, vers le bas ou en diagonale (ils peuvent être inversés).
- Les mots peuvent se chevaucher ou se croiser.

2) UN APPRENTISSAGE ACTIF

Un espace est prévu à côté de chaque mots pour noter la traduction. Pour favoriser un apprentissage actif un **DICTIONNAIRE** à la fin de cette édition vous permettra de vérifier et étendre vos connaissances. Cherchez et notez les traductions, trouvez-les dans le Puzzle et ajoutez-les à votre vocabulaire !

3) MARQUEZ LES MOTS

Vous pouvez inventer votre propre système de marquage. Peut-être en utilisez-vous déjà un ? Sinon, vous pourriez, par exemple, marquer les mots qui ont été difficiles à trouver d'une croix, ceux que vous avez aimés d'une étoile, les mots nouveaux d'un triangle, les mots rares d'un diamant, etc...

4) STRUCTUREZ VOTRE APPRENTISSAGE

Cette édition vous offre un **CARNET DE NOTES** très pratique à la fin du livre. En vacances ou en voyage ou à la maison, vous pouvez facilement organiser vos nouvelles connaissances sans avoir besoin d'un second bloc-notes !

5) VOUS AVEZ FINI TOUTES LES GRILLES ?

Allez à la section bonus **CHALLENGE FINAL** pour trouver un jeu gratuit à la fin de cette édition !

Simple et Rapide ! Découvrez notre collection de livres d'activités pour votre prochain moment de détente et **d'apprentissage**, à juste un clic de distance !

Trouvez votre prochain défi sur :

BestActivityBooks.com/MonProchainLivre

À vos marques, prêts... Partez !

Saviez-vous qu'il existe environ 7 000 langues différentes dans le monde ? Les mots sont précieux.

Nous aimons les langues et avons travaillé dur pour créer les livres de la plus haute qualité pour vous. Nos ingrédients ?

Une sélection des thématiques d'apprentissage adaptée, trois belles parts de divertissement, puis nous ajoutons une cuillère de mots difficiles et une pincée de mots rares. Nous les servons avec soin et un maximum de plaisir pour vous permettre de résoudre les meilleurs jeux de mots mêlés qui soient et d'apprendre en vous amusant !

Votre avis est essentiel. Vous pouvez participer activement au succès de ce livre en nous laissant un commentaire. Nous aimerions vraiment savoir ce que vous avez préféré dans cette édition !

Voici un lien rapide qui vous mènera à la page d'évaluation de vos commandes :

BestBooksActivity.com/Avis50

Merci pour votre aide et amusez-vous bien !

De la part de toute l'équipe

1 - Adjectifs #2

D	T	G	L	U	C	Q	M	P	T	J	P	X	W	F	E
X	R	B	W	J	I	Ţ	W	R	A	U	U	F	L	U	L
A	U	A	N	Z	T	V	I	O	L	H	T	J	Y	Ţ	E
R	P	A	M	N	N	I	Z	D	E	E	E	P	Q	D	G
S	E	L	I	A	E	T	K	U	N	C	R	X	V	Y	A
O	C	S	Q	S	T	P	J	C	T	J	N	O	Ţ	R	N
M	N	O	P	Y	U	I	O	T	A	F	I	Q	H	B	T
N	S	T	L	O	A	R	C	I	T	A	C	S	U	O	N
O	U	Ă	R	B	N	C	I	V	I	T	A	E	R	C	A
R	X	N	B	Q	J	S	T	S	R	C	C	M	B	F	S
O	Ţ	Ă	S	L	Y	E	A	M	Ă	E	M	H	E	I	E
S	L	S	P	W	M	D	B	B	W	R	B	W	L	R	R
Ţ	L	L	W	F	W	L	L	N	I	B	A	R	E	E	E
M	Â	N	D	R	U	J	Ă	T	R	L	A	T	C	S	T
W	V	S	J	B	S	Y	S	E	X	U	X	J	Ţ	C	N
Ţ	N	D	V	B	T	F	C	K	H	T	R	M	M	E	I

AUTENTIC
CELEBRU
CREATIV
DESCRIPTIV
TALENTAT
DRAMATIC
ELEGANT
MÂNDRU
PUTERNIC
INTERESANT
FIRESC
NOU
PRODUCTIV
PUR
RESPONSABIL
SĂNĂTOS
SĂRAT
SĂLBATIC
USCAT
SOMNOROS

2 - Formes

L	A	V	O	Q	P	M	W	V	C	T	A	R	T	Ă	P
P	I	J	X	F	U	A	D	W	U	L	D	D	J	S	I
R	S	N	Q	Q	C	R	T	H	R	N	A	R	C	P	R
I	F	E	I	W	Z	G	D	L	B	C	X	R	N	I	A
S	E	R	E	A	B	I	N	N	Ă	G	T	Y	A	L	M
M	R	C	V	Z	X	N	O	G	I	L	O	P	N	E	I
Ă	Ă	L	A	N	Z	I	U	K	C	L	X	M	G	J	D
H	I	P	E	R	B	O	L	Ă	E	C	I	W	Z	D	Ă
W	H	D	T	M	U	F	Q	U	R	O	V	C	U	P	M
G	G	N	R	T	C	G	F	Q	C	N	K	K	G	C	W
O	N	Q	A	U	K	L	C	Y	L	T	C	B	B	O	K
I	U	R	P	H	R	E	N	O	L	K	N	H	W	R	N
J	I	T	P	D	B	L	F	S	L	R	S	H	X	N	L
D	R	E	P	T	U	N	G	H	I	Ț	J	N	M	O	F
X	T	E	M	P	I	S	F	C	D	T	M	V	D	S	N
P	S	H	L	A	A	Ţ	U	X	K	W	L	Ţ	F	C	O

ARC
MARGINI
PĂTRAT
CERC
COLȚ
CURBĂ
CON
PARTE
CUB
CILINDRU
ELIPSĂ
HIPERBOLĂ
LINIA
OVAL
POLIGON
PRISMĂ
PIRAMIDĂ
DREPTUNGHI
SFERĂ
TRIUNGHI

3 - Force et Gravité

X	U	T	E	T	A	T	U	E	R	G	F	P	A	P	U
Z	E	J	F	X	U	R	V	I	F	I	R	L	E	R	N
C	S	I	O	R	P	Z	L	F	Ţ	M	E	A	G	O	I
C	N	B	A	D	T	A	O	C	K	P	C	N	P	P	V
U	Ţ	A	X	Ă	U	I	N	V	E	A	A	E	R	R	E
M	I	Ș	C	A	R	E	O	S	R	C	R	T	E	I	R
S	T	O	P	B	T	U	R	P	I	T	E	E	S	E	S
I	C	Q	O	H	N	A	B	D	R	U	O	H	I	T	A
T	D	T	I	N	E	G	I	I	E	N	N	P	U	Ă	L
E	T	I	I	O	C	Z	T	S	P	Q	U	E	N	Ț	J
N	J	E	N	M	N	Y	Ă	T	O	T	E	P	E	I	N
G	K	G	C	A	P	W	I	A	C	I	N	A	C	E	M
A	C	E	R	H	M	U	D	N	S	S	L	U	F	W	P
M	Z	L	I	X	J	I	U	Ţ	E	I	V	Z	I	M	Q
M	Ţ	R	J	F	B	D	C	Ă	D	T	N	M	P	T	Z
H	N	S	K	F	I	Z	I	C	Ă	Z	E	T	I	V	K

AXĂ
CENTRU
DESCOPERIRE
DISTANŢĂ
DINAMIC
EXPANSIUNE
FRECARE
IMPACT
MAGNETISM
MECANICA
MIȘCARE
ORBITĂ
FIZICĂ
PLANETE
GREUTATE
PRESIUNE
PROPRIETĂȚI
TIMP
UNIVERSAL
VITEZĂ

4 - Adjectifs #1

I	M	P	O	R	T	A	N	T	V	S	A	I	T	C	S
J	E	T	Z	Q	O	O	D	Z	F	G	R	D	Y	A	I
W	O	X	Q	A	M	Q	K	J	S	R	O	E	A	T	N
K	C	B	A	C	T	I	V	E	O	E	M	N	J	R	C
M	C	I	T	S	I	T	R	A	X	U	A	T	P	A	E
F	O	S	P	X	M	I	F	S	C	O	T	I	L	C	R
I	U	D	Z	I	E	A	X	Ţ	G	E	T	C	U	T	K
U	B	V	E	L	N	E	L	J	E	O	S	I	P	I	C
T	R	F	R	R	S	A	P	X	N	M	U	R	C	V	C
Ţ	K	R	I	P	N	K	T	C	E	F	R	E	P	U	T
J	V	U	Ț	U	D	P	A	Y	R	E	B	N	I	B	J
Ţ	C	M	B	V	Î	O	I	S	O	I	Ţ	I	B	M	A
W	H	O	U	J	C	N	C	Z	S	Y	M	T	J	D	V
O	A	S	S	V	X	X	C	A	B	S	O	L	U	T	J
F	D	I	T	M	P	E	Ţ	E	Z	K	B	M	G	G	K
N	E	V	I	N	O	V	A	T	T	P	H	N	I	Ţ	C

ABSOLUT
ACTIV
AMBIŢIOS
AROMAT
ARTISTIC
ATRACTIV
FRUMOS
EXOTIC
IMENS
GENEROS
SINCER
IDENTIC
IMPORTANT
NEVINOVAT
TINERI
ÎNCET
GREU
SUBȚIRE
MODERN
PERFECT

5 - Instruments de Musique

V	I	O	L	O	N	C	E	L	F	A	O	B	O	I	K
N	T	U	R	X	D	I	X	C	L	B	D	Q	I	L	L
T	A	M	B	U	R	I	N	Ă	A	B	M	I	R	A	M
M	A	N	D	O	L	I	N	Ă	U	I	Z	N	U	K	C
T	R	O	M	P	E	T	Ă	A	T	V	A	O	P	U	I
U	U	T	O	B	Ă	C	W	I	I	N	I	F	K	N	Q
B	R	F	E	P	E	I	H	I	Ţ	P	Ţ	O	X	Z	R
M	U	Z	I	C	U	Ț	Ă	I	K	T	U	X	A	R	C
I	Y	W	Ţ	H	G	O	N	G	T	W	K	A	F	R	C
B	P	W	U	N	S	W	O	J	N	A	B	S	A	U	Ă
I	G	S	C	N	Z	K	B	G	Q	L	R	P	G	C	V
P	J	A	R	M	G	W	M	O	T	E	T	Ă	O	N	V
B	S	B	E	L	K	V	O	Y	R	K	N	O	T	C	R
H	Z	D	P	F	E	M	R	F	X	H	L	J	B	C	B
N	K	K	M	C	A	N	T	B	M	P	Z	A	D	D	B
C	L	A	R	I	N	E	T	H	A	R	P	Ă	P	Q	Q

BANJO
FAGOT
CLARINET
FLAUT
GONG
CHITARĂ
MUZICUȚĂ
HARPĂ
OBOI
MANDOLINĂ
MARIMBA
PERCUŢIE
PIAN
SAXOFON
TOBĂ
TAMBURINĂ
TROMBON
TROMPETĂ
VIOARĂ
VIOLONCEL

6 - Herboristerie

Ș	E	Ţ	N	A	R	I	H	G	A	M	C	J	H	J	V
X	O	Y	U	U	R	I	N	G	R	E	D	I	E	N	T
A	R	F	Ţ	W	Ţ	O	B	U	S	U	I	O	C	M	C
B	Z	M	R	E	T	K	M	G	B	W	I	W	S	O	U
I	R	R	B	A	Z	J	O	A	Ă	E	D	R	E	V	L
T	C	A	Q	V	N	X	O	X	T	Y	N	I	H	G	I
A	R	O	M	Ă	L	U	C	I	N	E	F	E	Y	Ţ	N
L	A	V	A	N	D	Ă	A	O	E	L	L	P	F	N	A
F	I	W	F	O	B	O	F	R	M	E	Z	C	A	I	R
R	F	N	R	L	E	J	N	U	R	T	Ă	P	X	R	C
F	L	O	A	R	E	T	A	T	I	L	A	C	E	A	T
G	R	Ă	D	I	N	Ă	B	S	X	T	U	S	V	M	A
J	Y	N	B	B	Z	T	H	U	R	B	M	I	C	Z	R
H	G	A	U	L	U	D	G	R	D	O	Ţ	Z	H	O	H
X	I	A	U	T	H	Q	Y	E	P	L	Y	V	X	R	O
G	Q	A	D	L	M	E	A	F	Ţ	H	G	X	N	R	N

USTUROI
AROMAT
BUSUIOC
BENEFIC
CULINAR
TARHON
FENICUL
FLOARE
INGREDIENT
GRĂDINĂ
LAVANDĂ
MAGHIRAN
MENTĂ
PĂTRUNJEL
CALITATE
ROZMARIN
ȘOFRAN
AROMĂ
CIMBRU
VERDE

7 - Véhicules

B	A	R	C	Ă	N	I	Ș	A	M	A	A	U	D	N	M
S	C	U	T	E	R	Z	T	M	J	V	N	A	Ţ	I	N
Ţ	L	L	A	U	T	O	B	U	Z	I	V	M	S	W	X
M	M	Y	P	I	J	E	O	Q	F	O	E	B	O	Ă	R
X	O	F	U	I	T	H	T	B	X	N	L	U	D	N	G
S	B	T	T	E	D	F	N	P	O	Ţ	O	L	R	A	R
X	I	Ţ	O	C	G	H	C	I	Ţ	M	P	A	X	V	P
A	C	C	J	R	O	T	C	A	R	T	E	N	B	A	C
R	I	A	Y	E	H	V	Z	E	H	A	Y	Ţ	J	R	Y
A	C	M	E	T	N	K	G	V	Q	T	M	Ă	J	A	N
C	L	I	R	P	Y	V	W	W	H	G	X	B	N	C	Z
H	E	O	E	O	R	A	V	N	Q	P	M	U	U	P	Q
E	T	N	T	C	H	C	Ţ	J	O	L	O	V	W	S	L
T	Ă	I	X	I	X	A	T	Z	D	U	O	R	T	E	M
Ă	K	E	R	L	Ţ	Y	G	R	U	T	D	T	N	D	V
I	O	U	Q	E	S	Y	O	E	O	Ă	T	E	V	A	N

AMBULANȚĂ
AVION
BARCĂ
AUTOBUZ
CAMION
CARAVANĂ
BAC
RACHETĂ
ELICOPTER
METROU
MOTOR
NAVETĂ
ANVELOPE
PLUTĂ
SCUTER
SUBMARIN
TAXI
TRACTOR
BICICLETĂ
MAȘINĂ

8 - Camping

F	F	A	N	I	M	A	L	E	Ţ	I	C	U	Q	N	J
R	C	O	Ă	L	O	S	U	B	X	J	G	M	J	H	G
Â	V	T	C	V	A	R	T	J	A	D	F	N	K	A	M
N	K	E	A	Â	U	C	N	X	O	N	E	N	R	R	U
G	D	A	M	N	Ţ	M	E	I	R	Ă	L	Ă	P	T	N
H	J	D	A	Ă	X	R	M	G	C	O	R	T	B	Ă	T
I	Z	D	H	T	X	C	A	B	I	N	Ă	C	R	X	E
E	G	J	Z	O	C	S	P	N	L	Ţ	Y	O	E	I	I
M	S	J	Q	A	X	O	I	E	I	C	A	N	O	E	N
L	U	N	A	R	Q	H	H	S	S	L	Q	O	K	X	S
B	H	W	Ţ	E	V	Ţ	C	H	F	R	E	A	L	V	E
Y	H	Ă	R	U	T	N	E	V	A	O	E	F	P	A	C
R	M	P	H	F	W	K	J	I	O	P	Ţ	L	I	I	T
N	A	T	U	R	Ă	X	Q	T	Y	F	A	P	U	Y	Ă
I	K	I	R	R	I	M	N	E	K	E	B	D	Ţ	I	A
W	L	Z	M	P	Ă	D	U	R	E	R	J	U	D	C	C

ANIMALE
AVENTURĂ
BUSOLĂ
CABINĂ
CANOE
HARTĂ
PĂLĂRIE
VÂNĂTOARE
FRÂNGHIE
ECHIPAMENT
FOC
PĂDURE
HAMAC
INSECTĂ
LAC
FELINAR
LUNA
MUNTE
NATURĂ
CORT

9 - Écologie

S	A	V	O	N	T	K	P	F	V	S	Y	Z	Z	C	S
C	P	H	S	S	I	P	F	I	Ţ	U	M	Z	R	L	M
Z	R	E	F	Q	A	Ţ	V	R	B	P	G	P	J	I	C
F	W	Z	C	T	S	F	U	E	Ă	R	O	L	F	M	I
T	Q	W	A	I	C	Ţ	Q	S	B	A	M	L	Z	A	Ț
T	F	Y	N	H	E	N	O	C	Z	V	E	A	N	T	Ă
V	I	W	J	C	I	X	P	D	M	I	Y	B	R	V	T
A	J	O	R	O	N	P	P	Z	L	E	Ă	O	G	I	I
R	B	T	Ă	N	U	A	F	T	A	Ț	L	L	E	R	N
I	D	O	R	T	F	U	M	M	Ș	U	I	G	G	A	U
E	S	R	U	S	E	R	T	A	T	I	B	A	H	T	M
T	R	A	T	Ţ	V	C	J	D	I	R	A	O	K	N	O
A	Ţ	P	A	H	U	I	E	S	N	E	R	V	S	U	C
T	P	P	N	A	S	C	Ţ	S	Ă	R	U	O	M	L	A
E	T	A	T	I	S	R	E	V	I	D	D	X	C	O	S
P	L	A	N	T	E	I	Ț	A	T	E	G	E	V	V	U

VOLUNTARI
CLIMAT
COMUNITĂȚI
DIVERSITATE
DURABILĂ
SPECIE
FAUNĂ
FLORĂ
GLOBAL
HABITAT
MLAȘTINĂ
MARIN
NATURĂ
FIRESC
PLANTE
RESURSE
SECETĂ
SUPRAVIEȚUIRE
VARIETATE
VEGETAȚIE

10 - Géométrie

M	E	D	I	A	N	Ă	S	A	M	R	V	S	D	T	D
C	D	M	S	E	G	M	E	N	T	B	S	I	I	E	A
S	U	R	I	D	I	A	M	E	T	R	U	M	M	O	H
U	S	R	S	Ţ	U	M	K	F	Z	Q	E	E	E	R	S
N	B	B	B	S	L	E	L	A	R	A	P	T	N	I	I
G	Q	I	J	Ă	Q	Ă	J	U	I	L	T	R	S	E	Z
H	L	O	G	I	C	Ă	N	Ţ	V	Q	Ţ	I	I	S	V
I	N	U	M	Ă	R	A	C	Î	E	S	E	E	U	U	F
H	N	N	Z	A	Q	Q	E	Ţ	R	Z	Ţ	I	N	P	I
G	Y	Q	D	Z	F	G	R	S	T	J	Q	Ţ	E	R	C
N	W	W	L	F	Ţ	U	C	F	I	R	W	R	Y	A	J
U	Q	E	C	U	A	Ţ	I	E	C	Z	P	O	W	F	G
I	E	U	Q	V	C	L	C	H	A	J	W	P	X	A	I
R	P	I	M	S	F	L	D	J	L	V	F	O	G	Ţ	L
T	Y	L	M	J	K	K	A	N	E	I	F	R	S	Ă	R
D	Q	O	G	G	W	E	U	C	Z	T	P	P	U	P	Z

UNGHI
CALCUL
CERC
CURBĂ
DIAMETRU
DIMENSIUNE
ECUAŢIE
ÎNĂLŢIME
LOGICĂ
MASĂ
MEDIANĂ
NUMĂR
PARALEL
PROPORŢIE
SEGMENT
SUPRAFAŢĂ
SIMETRIE
TEORIE
TRIUNGHI
VERTICAL

11 - Les Médias

L	Ţ	Y	I	I	F	A	R	G	O	T	O	F	V	S	J
Ţ	A	F	M	S	H	Y	W	J	A	V	X	K	F	I	Z
Y	P	L	A	U	T	C	E	L	E	T	N	I	R	N	P
B	O	R	G	Y	R	D	L	O	Ț	D	L	Ţ	H	D	J
O	O	Z	I	V	T	X	I	N	E	F	Y	V	O	I	M
J	Q	O	N	K	U	W	Ţ	G	R	N	E	L	V	V	L
T	F	D	I	R	T	C	V	W	I	E	W	L	I	I	V
O	P	I	N	I	E	T	P	A	F	T	E	J	N	D	P
B	I	T	Q	Z	I	U	D	A	V	P	A	D	D	U	R
L	A	D	F	C	Ț	B	A	D	G	Q	U	L	U	A	E
I	O	T	A	R	I	P	U	B	L	I	C	P	S	L	S
Q	O	C	H	R	D	A	L	A	O	G	U	Z	T	K	Ă
G	X	G	A	S	E	I	Ţ	A	C	U	D	E	R	V	F
O	Q	U	A	L	A	I	C	R	E	M	O	C	I	G	U
A	T	I	T	U	D	I	N	I	W	J	Q	Z	E	B	B
C	O	M	U	N	I	C	A	R	E	N	I	L	N	O	X

ATITUDINI
COMERCIAL
COMUNICARE
ONLINE
EDIȚIE
EDUCAŢIE
FAPTE
IMAGINI
INDIVIDUAL
INDUSTRIE
INTELECTUAL
PRESĂ
LOCAL
DIGITAL
OPINIE
FOTOGRAFII
PUBLIC
RADIO
REȚEA

12 - Philanthropie

P	I	N	E	M	A	O	B	U	N	E	H	S	Z	A	W
I	R	K	X	X	Z	N	Q	M	D	T	E	C	B	X	Z
F	U	O	K	L	A	Q	L	Ţ	V	A	K	N	E	X	M
O	P	T	V	Ţ	N	V	L	N	E	T	F	E	C	M	N
N	U	E	I	O	K	D	O	V	M	I	Z	T	O	I	E
D	R	T	P	N	C	F	I	N	A	N	Ţ	A	P	S	V
U	G	A	U	G	E	Ă	Ţ	I	R	A	T	T	I	I	O
R	D	T	B	H	D	R	R	R	G	M	C	I	I	U	I
I	J	I	L	K	J	F	E	I	O	U	H	T	O	N	E
I	V	N	I	H	E	L	J	T	R	W	D	S	D	E	L
T	Y	U	C	Ţ	G	Z	N	I	P	Z	K	E	F	T	D
X	Z	M	E	T	A	T	I	Z	O	R	E	N	E	G	T
G	L	O	B	A	L	Y	Y	Z	Z	Q	H	O	D	Y	X
O	Z	C	B	G	O	V	I	S	T	O	R	I	E	R	U
C	O	N	T	A	C	T	E	C	A	R	I	T	A	T	E
O	B	I	E	C	T	I	V	E	L	E	F	D	R	W	L

NEVOIE
OBIECTIVELE
CARITATE
COMUNITATE
CONTACTE
PROVOCĂRI
COPII
FINANŢA
FONDURI
OAMENI
GENEROZITATE
GLOBAL
GRUPURI
ISTORIE
ONESTITATE
UMANITATE
TINERET
MISIUNE
PROGRAME
PUBLIC

13 - Diplomatie

N	N	T	H	Y	G	S	Q	K	I	E	J	Q	J	J	Z
Ţ	B	R	T	R	U	P	M	P	Q	H	T	N	P	V	O
S	F	F	A	T	V	O	S	B	F	Q	H	I	F	E	H
O	P	M	I	E	E	O	V	P	S	U	X	E	C	V	T
L	A	O	C	H	R	E	I	L	I	S	N	O	C	Ă	C
U	M	U	L	N	N	S	E	C	U	R	I	T	A	T	E
Ţ	B	M	D	I	N	E	Ț	Ă	T	E	C	R	P	D	O
I	A	A	I	Ă	T	C	I	L	F	N	O	C	G	R	E
E	S	N	S	R	D	I	R	E	Z	O	L	U	Ţ	I	E
D	A	I	C	T	R	J	C	Ţ	W	C	C	E	F	O	U
E	D	T	U	S	E	D	W	Ă	D	A	S	A	B	M	A
I	O	A	Ţ	Z	P	D	I	P	L	O	M	A	T	I	C
M	R	R	I	V	T	C	O	O	P	E	R	A	R	E	W
B	I	K	E	T	A	T	I	R	G	E	T	N	I	S	Ţ
W	S	Z	L	P	T	A	T	A	R	T	B	N	T	Y	U
C	B	F	Z	V	E	T	A	T	I	N	U	M	O	C	M

AMBASADĂ
AMBASADOR
CETĂȚENI
COMUNITATE
CONFLICT
CONSILIER
COOPERARE
DIPLOMATIC
DISCUŢIE
ETICĂ
STRĂIN
GUVERN
UMANITAR
INTEGRITATE
DREPTATE
POLITICĂ
REZOLUŢIE
SECURITATE
SOLUŢIE
TRATAT

14 - Électricité

E	C	B	E	N	U	I	Z	I	V	E	L	E	T	O	D
G	E	N	E	R	A	T	O	R	U	L	B	A	C	B	E
D	M	R	D	M	A	G	N	E	T	E	U	Y	U	I	P
A	Ă	Z	I	R	P	N	Q	E	N	C	C	C	I	E	O
A	B	N	O	F	E	L	E	T	K	T	G	G	A	C	Z
K	M	G	K	V	B	E	C	I	Ţ	R	G	M	D	T	I
E	C	H	I	P	A	M	E	N	T	I	P	C	G	E	T
L	B	H	N	A	I	C	I	R	T	C	E	L	E	L	A
A	U	K	P	E	G	C	E	H	Z	D	L	F	T	A	R
M	N	B	O	L	G	Z	G	X	P	Y	A	Z	A	S	E
P	M	K	Z	O	P	A	Z	O	R	B	T	S	T	E	Q
Ă	M	Z	I	U	N	O	T	X	O	E	N	V	I	R	E
E	H	Z	T	M	Ţ	S	P	I	B	Ţ	Ț	F	T	W	M
N	K	O	I	J	G	T	N	L	V	V	B	E	N	Q	B
U	O	E	V	P	I	L	E	Q	F	Y	J	U	A	V	N
U	M	N	B	A	T	E	R	I	E	A	E	H	C	Q	A

MAGNET
BEC
BATERIE
CABLU
ELECTRICIAN
ELECTRIC
ECHIPAMENT
FIRE
GENERATOR
LAMPĂ
LASER
NEGATIV
OBIECTE
POZITIV
PRIZĂ
CANTITATE
REȚEA
DEPOZITARE
TELEFON
TELEVIZIUNE

15 - Astronomie

S	G	L	D	N	E	B	U	L	O	A	S	Ă	E	J	R
S	J	Y	Z	B	T	M	C	I	R	N	U	H	U	S	A
S	U	P	E	R	N	O	V	Ă	S	P	I	L	C	E	C
P	O	R	W	G	Â	N	S	L	T	R	Ţ	G	Ţ	G	H
G	L	M	Q	V	M	O	O	R	Y	O	C	K	V	A	E
P	L	A	S	M	Ă	R	L	H	A	J	O	J	I	L	T
A	N	X	N	O	P	T	A	K	Ţ	D	N	T	E	A	Ă
V	M	Y	R	E	C	S	R	Ţ	M	I	I	V	H	X	Z
L	U	N	A	K	T	A	M	E	I	O	H	A	N	I	E
M	E	T	E	O	R	Ă	J	R	W	R	C	U	Ț	E	I
O	B	S	E	R	V	A	T	O	R	E	E	N	X	I	K
A	S	T	R	O	N	A	U	T	Y	T	H	I	C	A	E
Ţ	W	P	W	C	Ţ	V	J	M	F	S	V	V	Z	N	W
N	Z	G	O	F	A	O	U	E	Q	A	D	E	K	X	H
C	O	N	S	T	E	L	A	Ţ	I	E	T	R	E	G	R
V	Y	W	P	K	H	F	C	T	B	Ţ	B	S	A	Y	C

ASTEROID
ASTRONAUT
ASTRONOM
CER
CONSTELAŢIE
COSMOS
ECLIPSĂ
ECHINOCŢIU
RACHETĂ
GALAXIE
LUNA
METEOR
NEBULOASĂ
OBSERVATOR
PLANETĂ
RADIAȚIE
SOLAR
SUPERNOVĂ
PĂMÂNT
UNIVERS

16 - Physique

R	R	Y	U	F	H	C	G	A	F	T	I	B	I	J	Ă
H	E	O	N	H	P	K	R	A	E	L	C	U	N	Ţ	Ț
X	L	E	I	G	D	A	A	M	O	T	O	R	D	Y	N
M	A	P	V	M	A	Ţ	V	L	V	G	J	Y	E	C	E
A	T	I	E	E	W	Z	I	L	G	K	Z	X	L	X	V
G	I	P	R	C	N	E	T	A	T	I	S	N	E	D	C
N	V	A	S	A	E	R	A	R	E	L	E	C	C	A	E
E	I	R	A	N	V	C	Ț	I	W	C	P	F	T	G	R
T	T	T	L	I	I	F	I	G	Ă	L	U	M	R	O	F
I	A	I	O	C	T	D	E	M	M	U	F	X	O	G	G
S	T	C	Y	A	E	M	S	E	I	U	A	S	N	Z	O
M	E	U	Y	T	Z	A	R	Y	W	H	U	T	G	E	I
W	Ţ	L	G	A	Ă	S	O	A	H	U	C	J	O	L	S
K	Y	Ă	H	T	L	Ă	L	U	C	E	L	O	M	M	L
U	M	M	W	T	M	J	G	Y	R	U	M	E	P	S	F
Q	E	P	I	D	H	U	G	Q	P	K	Z	S	B	Q	S

ACCELERATE
ATOM
HAOS
CHIMIC
DENSITATE
ELECTRON
FORMULĂ
FRECVENȚĂ
GAZ
GRAVITAȚIE
MAGNETISM
MASĂ
MECANICA
MOLECULĂ
MOTOR
NUCLEAR
PARTICULĂ
RELATIVITATE
UNIVERSAL
VITEZĂ

17 - Types de Cheveux

C	O	L	O	R	A	T	E	E	S	C	U	R	T	Q	C
T	C	L	U	N	G	G	J	O	S	J	I	R	L	X	P
X	H	M	Q	N	G	W	Z	P	U	R	Z	N	G	N	G
S	E	O	X	L	Y	R	S	U	B	Ț	I	R	E	E	D
Ă	L	A	V	U	C	M	O	U	S	C	A	T	L	S	N
N	Y	L	I	C	T	Z	G	S	M	S	T	I	C	N	O
Ă	Y	E	B	I	A	B	R	H	L	M	P	T	U	Q	L
T	E	R	C	O	L	R	I	Y	Ţ	P	U	E	B	Ţ	B
O	R	A	M	S	U	G	G	X	N	S	D	L	L	B	Z
S	Z	O	Z	R	D	U	N	I	B	X	B	P	A	O	J
D	E	B	Ţ	B	N	X	O	I	N	T	C	M	U	K	W
K	L	R	I	T	O	H	E	X	Y	T	G	Î	L	M	Q
P	R	N	L	S	P	P	N	H	M	M	S	I	J	Q	G
J	F	N	F	X	D	H	K	S	B	Y	G	H	L	Y	A
B	F	S	E	Y	S	J	I	B	B	T	R	V	B	W	P
P	R	P	F	N	O	E	H	O	R	I	Y	D	K	J	E

ARGINT
ALB
BLOND
BUCLE
LUCIOS
CHEL
COLORATE
SCURT
MOALE
GROS
CREȚ
GRI
LUNG
MARO
SUBȚIRE
NEGRU
ONDULAT
SĂNĂTOS
USCAT
ÎMPLETIT

18 - Archéologie

P	R	O	C	Ţ	A	R	W	O	G	C	N	T	R	Y	Q
R	E	B	E	W	N	I	P	M	D	E	F	N	H	O	R
O	L	I	R	C	T	O	D	S	Y	R	E	T	S	I	M
F	I	E	C	I	I	Q	V	E	R	A	U	L	A	V	E
E	C	C	E	V	C	X	E	L	D	M	L	Q	V	M	A
S	V	T	T	I	H	S	X	X	J	I	P	N	G	T	F
O	Ă	E	Ă	L	I	C	E	K	Ă	C	M	N	N	A	Q
R	T	V	T	I	T	Y	Z	U	P	Ă	E	K	E	O	F
L	N	I	O	Z	A	U	K	V	I	L	T	E	C	A	O
K	Â	X	R	A	T	G	A	H	H	T	K	M	U	S	Z
F	M	K	H	Ţ	E	D	E	N	C	K	A	R	N	E	P
F	R	Ă	Z	I	L	A	N	A	E	Q	B	T	O	E	V
H	O	T	N	E	D	N	E	C	S	E	D	C	S	R	H
X	M	S	E	X	P	E	R	T	A	D	L	K	C	Ă	C
Ţ	L	K	I	I	H	E	K	F	E	T	R	X	U	E	D
K	K	D	D	L	N	M	A	L	M	W	A	X	T	Ţ	W

ANALIZĂ
ANTICHITATE
CERCETĂTOR
CIVILIZAŢIE
DESCENDENT
EXPERT
ERĂ
ECHIPĂ
EVALUARE
FOSIL
NECUNOSCUT
MISTER
OBIECTE
OASE
UITAT
CERAMICĂ
PROFESOR
RELICVĂ
TEMPLU
MORMÂNT

19 - Mammifères

T	V	D	M	L	Ţ	M	W	A	N	S	Z	O	P	P	L
A	E	V	R	U	A	I	E	P	U	R	E	R	U	I	C
U	P	A	N	P	M	C	E	H	R	U	B	A	L	S	C
R	Z	E	B	R	Ă	V	Ţ	B	G	W	O	W	G	I	O
Ţ	X	Ţ	B	C	A	B	Ţ	B	I	J	L	I	I	C	I
Y	V	J	V	L	N	I	O	I	T	I	K	P	R	Ă	O
D	U	M	M	G	Ţ	U	C	Ă	Ţ	U	M	I	A	M	T
L	E	B	A	L	E	N	Ă	L	Z	V	R	B	F	N	N
U	S	L	Z	R	A	L	V	I	B	Z	U	O	Ă	F	A
Y	Ţ	T	F	A	P	N	Y	R	W	Y	G	L	Z	Y	F
L	E	Y	H	I	N	W	M	O	D	W	N	R	P	V	E
O	A	I	E	Y	N	T	B	G	Ţ	Q	A	I	W	E	L
L	E	U	W	S	V	F	X	R	G	M	C	Ţ	I	N	E
Z	X	Z	H	L	O	K	S	J	M	N	V	R	P	I	L
P	B	C	A	G	U	R	Z	A	Ţ	M	F	K	D	Â	U
U	T	I	I	Z	E	B	R	M	J	Z	G	U	Ţ	C	B

BALENĂ
PISICĂ
CAL
CÂINE
COIOT
DELFIN
ELEFANT
GIRAFĂ
GORILĂ
CANGUR
IEPURE
LEU
LUP
OAIE
URS
VULPE
MAIMUŢĂ
TAUR
TIGRU
ZEBRĂ

20 - Mathématiques

L	G	E	O	M	E	T	R	I	E	Ţ	S	E	C	P	P
D	I	A	M	E	T	R	U	F	I	R	M	P	I	E	A
S	H	P	A	R	I	T	M	E	T	I	C	Ă	R	R	R
I	G	U	E	O	P	O	L	I	G	O	N	M	C	I	A
M	N	G	N	R	A	X	O	V	Y	X	E	U	U	M	L
E	U	P	O	G	P	S	G	Q	M	N	C	S	M	E	E
T	T	F	Ă	M	H	E	S	P	M	U	U	U	F	T	L
R	P	R	F	T	R	I	N	E	B	W	A	L	E	R	O
I	E	A	J	N	R	L	U	D	H	Ţ	Ţ	Z	R	U	G
E	R	C	I	E	R	A	F	R	I	J	I	Z	I	W	R
T	D	Ț	T	N	D	M	T	B	I	C	E	N	N	L	A
E	B	I	Z	O	P	I	R	O	P	Z	U	U	Ţ	K	M
Q	Y	U	L	P	V	C	V	G	X	Q	B	L	Ă	C	U
K	Y	N	G	X	Q	E	M	F	O	P	R	E	A	X	L
H	I	E	C	E	E	Z	P	A	R	A	L	E	L	R	O
O	K	F	T	R	I	U	N	G	H	I	M	W	J	I	V

UNGHIURI
ARITMETICĂ
PĂTRAT
CIRCUMFERINŢĂ
ZECIMAL
DIAMETRU
EXPONENT
ECUAŢIE
FRACȚIUNE
GEOMETRIE
PARALEL
PARALELOGRAM
PERPENDICULAR
PERIMETRU
POLIGON
DREPTUNGHI
SUMĂ
SIMETRIE
TRIUNGHI
VOLUM

21 - Mythologie

M	H	O	M	U	N	F	D	K	L	R	I	Ţ	I	D	L
U	O	R	E	I	R	Ă	T	E	N	U	T	S	P	B	A
R	E	G	L	U	F	Z	E	L	Z	A	X	Q	R	V	B
I	C	L	B	R	E	F	J	Y	R	A	P	I	C	E	I
T	O	R	E	R	A	E	R	C	M	F	S	F	H	S	R
O	M	Ă	I	G	J	Ţ	I	X	E	Z	P	T	H	I	I
R	P	Z	Z	L	E	G	C	G	B	I	Y	V	R	T	N
H	O	B	O	Q	S	N	F	Ă	P	T	U	R	Ă	U	T
M	R	U	L	C	J	X	D	L	A	I	R	N	C	Q	A
U	T	N	E	T	D	K	Y	Ă	R	U	T	L	U	C	B
Q	A	A	G	C	R	E	D	I	N	Ț	E	E	Q	T	R
J	M	R	Q	S	N	K	D	Q	R	T	O	Ţ	H	Ţ	A
N	E	E	H	L	W	L	M	A	G	I	C	Z	Ţ	R	S
T	N	B	N	B	P	R	Ă	Z	B	O	I	N	I	C	A
E	T	E	W	N	E	M	U	R	I	R	E	S	I	Ţ	Y
T	M	O	N	S	T	R	U	F	I	C	U	F	J	D	Q

ARHETIP
DEZASTRU
COMPORTAMENT
CREARE
FĂPTURĂ
CREDINȚE
CULTURĂ
FULGER
TĂRIE
RĂZBOINIC
EROU
NEMURIRE
GELOZIE
LABIRINT
LEGENDĂ
MAGIC
MONSTRU
MURITOR
TUNET
RĂZBUNARE

22 - Restaurant #2

A	Q	X	Q	Q	C	P	E	Ş	T	E	C	O	N	U	Y
A	P	J	S	O	I	C	I	L	E	D	O	Y	Ţ	G	J
M	N	E	V	A	N	U	A	C	S	G	N	L	H	Y	J
V	Y	U	R	W	A	O	G	O	C	S	D	E	W	U	O
H	X	U	Y	I	G	H	E	A	Ț	Ă	I	G	K	O	X
A	O	V	R	A	T	S	J	P	B	K	M	U	E	F	P
S	U	P	Ă	Z	B	I	A	J	U	L	E	M	I	S	L
C	H	E	L	N	E	R	V	L	Z	T	N	E	P	Q	C
F	Ţ	D	X	Â	Z	D	Ţ	G	A	I	T	X	A	H	Q
R	A	D	Ă	R	U	G	N	I	L	T	E	T	O	R	T
U	U	U	R	P	N	F	B	Ţ	Y	F	Ă	U	O	H	A
C	R	I	U	N	N	P	Y	F	U	R	C	Ă	F	X	B
T	T	S	T	O	X	J	E	A	Y	J	S	J	P	L	Z
S	L	F	U	T	V	U	R	L	T	E	A	V	F	A	Z
G	N	O	Ă	A	Y	K	G	C	N	K	R	Q	Ţ	B	X
D	B	A	B	P	V	V	P	K	J	B	E	E	T	U	P

APERITIV
BĂUTURĂ
SCAUN
LINGURĂ
PRÂNZ
DELICIOS
CINA
APĂ
CONDIMENTE
FURCĂ
FRUCT
TORT
GHEAȚĂ
LEGUME
OUĂ
PEŞTE
SALATĂ
SARE
CHELNER
SUPĂ

23 - Beauté

G	B	L	F	X	U	G	D	R	S	G	R	A	Ţ	I	E
R	S	M	J	F	Q	F	D	Q	C	J	A	L	T	T	T
G	I	R	U	I	E	L	U	T	R	J	A	S	D	F	J
U	N	M	R	M	F	O	T	O	G	E	N	I	C	Q	A
L	Z	Q	E	B	A	G	W	M	V	V	P	T	H	S	A
W	L	G	L	L	U	C	O	Ă	Ț	N	A	G	E	L	E
Ţ	B	P	E	O	S	C	H	G	F	A	R	H	C	S	C
O	G	L	I	N	D	Ă	L	I	D	K	F	A	O	T	U
H	Z	M	P	L	Z	D	N	E	A	G	U	S	S	I	L
F	A	R	M	E	C	L	B	B	Ţ	J	M	E	M	L	O
Q	Q	N	E	T	E	D	P	P	K	J	A	R	E	I	A
Ș	A	M	P	O	N	K	T	I	B	X	A	V	T	S	R
E	L	E	G	A	N	T	R	S	P	C	K	I	I	T	E
O	S	N	I	G	R	O	Ţ	P	J	P	A	C	C	W	E
A	U	B	O	T	R	I	P	U	W	Q	B	I	E	C	S
F	O	A	R	F	E	C	E	O	G	W	A	I	N	F	T

BUCLE
FARMEC
FOARFECE
COSMETICE
CULOARE
ELEGANȚĂ
ELEGANT
GRAŢIE
ULEIURI
NETED
MACHIAJ
RIMEL
OGLINDĂ
PARFUM
PIELE
FOTOGENIC
RUJ
SERVICII
ȘAMPON
STILIST

24 - Avions

P	C	E	O	V	X	N	Î	I	S	T	O	R	I	E	C
R	A	L	O	Z	C	V	N	T	Y	B	Y	B	S	Y	Z
X	X	S	B	U	A	Q	Ă	O	Q	C	S	W	G	I	A
T	A	B	A	A	E	O	L	U	W	L	M	V	J	Y	X
E	Q	U	K	G	R	R	Ţ	A	V	E	N	T	U	R	Ă
W	H	J	E	U	E	P	I	U	E	Q	Z	Y	Z	T	C
G	T	O	R	G	M	R	M	K	I	V	A	H	W	Y	O
C	C	Ţ	Â	T	S	F	E	L	Ț	I	L	E	R	A	M
P	L	L	R	O	R	N	L	E	C	H	I	P	A	J	B
D	I	H	O	L	Z	N	X	A	U	Z	Ţ	N	M	I	U
O	V	L	B	Q	L	E	I	U	R	O	T	O	M	C	S
G	K	Q	O	E	N	I	D	U	T	I	T	L	A	D	T
H	Y	H	C	T	I	B	G	T	S	X	S	A	A	W	I
O	D	I	R	E	C	Ț	I	E	N	F	E	B	E	C	B
P	J	P	G	A	Y	N	E	G	O	R	D	I	H	E	I
A	T	M	O	S	F	E	R	Ă	C	G	A	W	B	R	L

AER
ALTITUDINE
ATMOSFERĂ
AVENTURĂ
BALON
COMBUSTIBIL
CER
CONSTRUCȚIE
COBORÂRE
DIRECȚIE
ECHIPAJ
UMFLA
ÎNĂLŢIME
ISTORIE
HIDROGEN
MOTOR
PASAGER
PILOT

25 - Aventure

G	V	O	D	K	C	S	X	W	U	Ţ	O	N	E	E	F
I	N	P	V	X	L	G	T	D	L	I	G	A	Z	D	R
T	Ă	O	C	Ă	L	Ă	T	O	R	I	I	V	W	H	U
I	Ț	R	Z	Q	B	G	A	U	G	G	D	I	G	L	M
N	N	T	U	S	Ţ	Q	L	Ă	M	A	U	G	Q	H	U
E	A	U	D	T	N	S	M	Y	S	B	I	A	F	M	S
R	R	N	M	S	A	I	Z	U	T	N	E	R	H	E	E
A	U	I	X	O	D	N	C	Z	C	A	A	E	X	T	Ț
R	G	T	J	L	O	X	Y	Q	Z	R	W	Ş	J	A	E
Y	I	A	M	U	D	I	F	I	C	U	L	T	A	T	E
S	S	T	A	C	Ţ	G	P	S	E	N	U	D	R	I	U
S	A	E	R	I	T	Ă	G	E	R	P	G	P	U	V	F
I	E	I	S	R	U	C	X	E	N	O	U	B	C	I	L
I	D	I	N	E	O	B	I	Ș	N	U	I	T	K	T	O
D	S	Ţ	V	P	B	U	C	U	R	I	E	Q	J	C	O
S	U	R	P	R	I	N	Z	Ă	T	O	R	T	M	A	W

ACTIVITATE
FRUMUSEȚE
CURAJ
ŞANSĂ
PERICULOS
DIFICULTATE
ENTUZIASM
EXCURSIE
NEOBIȘNUIT
ITINERAR
BUCURIE
NATURĂ
NAVIGARE
NOU
OPORTUNITATE
PREGĂTIREA
SIGURANȚĂ
SURPRINZĂTOR
CĂLĂTORII

26 - Ville

Ă	T	N	A	R	U	A	T	S	E	R	X	J	A	S	T
L	I	B	R	Ă	R	I	E	K	A	K	N	X	E	T	C
A	U	C	D	C	F	I	Ţ	N	P	L	Z	D	R	A	I
O	O	Q	B	R	U	T	Ă	R	I	E	O	P	O	D	N
C	E	M	U	M	P	I	A	Ț	Ă	T	Y	N	P	I	E
Ş	L	C	A	I	N	M	U	K	Ţ	O	S	W	O	O	M
B	E	I	C	A	M	R	A	F	K	H	A	U	R	N	A
T	U	B	N	G	A	L	E	R	I	E	D	K	T	L	S
N	P	X	X	I	M	U	Z	E	U	R	T	A	E	T	J
Y	O	Ţ	J	P	C	B	F	T	B	M	X	P	X	M	B
F	L	O	R	A	R	A	H	M	R	A	N	B	Y	D	I
Y	Ţ	J	H	J	L	N	X	X	R	J	N	F	O	G	A
Q	Z	B	I	B	L	I	O	T	E	C	Ă	C	W	E	Q
S	U	P	E	R	M	A	R	K	E	T	E	G	Ă	I	K
U	N	I	V	E	R	S	I	T	A	T	E	M	M	Y	M
Q	Q	I	K	C	F	Z	W	W	D	I	C	X	S	A	K

AEROPORT
BANCĂ
BIBLIOTECĂ
BRUTĂRIE
CINEMA
CLINICA
ŞCOALĂ
FLORAR
GALERIE
HOTEL
LIBRĂRIE
PIAȚĂ
MUZEU
FARMACIE
RESTAURANT
SALON
STADION
SUPERMARKET
TEATRU
UNIVERSITATE

27 - Ingénierie

P	Q	G	D	I	H	C	I	L	M	N	S	D	U	C	Y
G	R	E	M	I	C	N	Â	D	A	M	T	Ţ	N	O	G
I	E	O	T	W	A	Z	M	M	I	E	A	S	G	N	O
R	K	L	P	U	E	M	U	S	M	Z	B	T	H	S	T
J	Y	E	F	U	Z	D	E	H	V	H	I	R	I	T	C
G	C	L	U	C	L	A	C	T	V	B	L	U	T	R	D
M	A	Ș	I	N	Ă	S	F	M	R	E	I	C	Ţ	U	I
R	Ă	M	A	R	G	A	I	D	K	U	T	T	D	C	S
M	Ă	S	U	R	A	R	E	E	H	Ă	A	U	O	Ț	T
B	X	A	Z	H	I	C	I	T	G	N	T	R	I	I	R
S	A	H	Y	P	A	R	Ț	P	Ă	I	E	A	M	E	I
E	N	E	R	G	I	E	A	U	T	R	N	V	E	G	B
U	N	E	L	T	E	X	T	Q	N	O	I	S	V	P	U
G	N	V	C	C	L	C	O	F	X	T	A	E	A	X	Ț
Z	E	J	R	H	Y	F	R	O	T	O	M	Ţ	Q	B	I
Q	H	I	L	G	P	P	H	D	B	M	Ţ	C	H	V	E

UNGHI
AXĂ
CALCUL
CONSTRUCȚIE
DIAGRAMĂ
DIAMETRU
MOTORINĂ
DISTRIBUȚIE
UNELTE
ENERGIE
TĂRIE
LICHID
MAȘINĂ
MĂSURARE
MOTOR
ADÂNCIME
PROPULSIE
ROTAȚIE
STABILITATE
STRUCTURA

28 - Énergie

V	X	H	K	M	M	T	T	E	L	E	C	T	R	O	N
Â	V	H	Z	E	Ă	R	U	D	L	Ă	C	A	E	Z	O
N	Ţ	J	B	D	D	W	R	C	X	E	V	R	L	M	B
T	V	I	O	I	Y	I	B	Ţ	A	I	Y	E	E	I	R
J	D	K	N	U	L	E	I	D	U	P	T	G	C	V	A
A	S	X	V	B	A	I	N	O	T	O	F	E	T	B	C
N	U	C	L	E	A	R	Ă	E	O	R	T	N	R	N	Y
B	E	R	Z	C	T	T	M	B	C	T	E	E	I	Q	X
R	A	G	C	N	F	S	V	O	O	N	H	R	C	O	M
Q	E	T	O	A	K	U	K	Z	T	E	F	A	S	A	O
S	O	E	E	R	K	D	N	Q	J	O	P	B	I	Z	T
Y	E	W	R	R	D	N	M	I	R	B	R	I	U	U	O
S	O	A	R	E	I	I	D	D	D	Y	B	L	L	Ţ	R
P	Q	S	A	R	L	E	H	L	O	L	X	E	Y	T	I
I	H	C	O	M	B	U	S	T	I	B	I	L	U	A	N
P	O	L	U	A	R	E	B	E	N	Z	I	N	Ă	Y	Ă

BATERIE
CARBON
COMBUSTIBIL
CĂLDURĂ
MOTORINĂ
ENTROPIE
MEDIU
BENZINĂ
ELECTRIC
ELECTRON
HIDROGEN
INDUSTRIE
MOTOR
NUCLEAR
FOTON
POLUARE
REGENERABILE
SOARE
TURBINĂ
VÂNT

29 - Cuisine

S	G	D	S	J	I	C	U	P	T	O	R	R	U	W	H
D	Ţ	B	G	R	C	O	N	G	E	L	A	T	O	R	D
N	O	U	F	Ţ	R	O	Ş	B	U	R	E	T	E	O	Q
T	L	E	S	V	U	K	J	X	V	Ţ	C	M	S	I	U
E	M	G	J	C	F	P	Ţ	C	I	N	I	A	E	C	F
S	W	W	I	N	A	C	R	O	B	O	S	F	B	L	E
I	P	M	D	E	Ţ	S	P	O	L	O	N	I	C	U	V
Q	N	L	Y	B	Y	E	T	N	E	M	I	D	N	O	C
Q	R	L	V	K	E	E	E	R	A	O	Ș	I	Ț	E	B
A	L	I	M	E	N	T	E	L	O	G	W	C	V	C	H
R	Ș	E	R	V	E	Ț	E	L	I	N	R	M	O	U	L
E	T	I	Ț	U	C	M	G	O	U	N	Y	Ă	I	P	Q
Ț	Z	H	W	A	M	G	T	R	E	B	G	C	T	E	C
E	F	C	L	S	U	O	S	D	M	T	T	U	D	A	E
T	F	R	I	G	I	D	E	R	L	M	K	L	R	X	R
Ă	E	W	S	K	E	O	B	I	F	Y	I	O	Y	I	S

BEȚIȘOARE
CASTRON
CEAINIC
CONGELATOR
CUȚITE
ULCIOR
LINGURI
CONDIMENTE
BURETE
CUPTOR
FURCI
GRĂTAR
POLONIC
ALIMENTE
BORCAN
REȚETĂ
FRIGIDER
ȘERVEȚEL
ŞORŢ
CUPE

30 - Corps Humain

S	X	A	Q	S	R	F	E	Z	Q	U	J	E	S	U	F
G	J	U	H	Â	N	I	T	U	Q	K	R	X	C	M	A
U	R	T	Z	N	Q	N	W	B	H	M	Y	E	O	Ă	L
A	W	C	G	G	R	I	X	Ă	N	Â	M	I	C	R	C
U	I	E	X	E	E	M	A	R	E	I	E	R	C	H	Ă
Q	S	W	E	L	D	Ă	R	B	N	P	Z	X	Z	X	E
F	O	O	P	E	W	Ț	P	I	A	X	U	I	P	G	Q
N	O	G	D	I	Q	A	N	E	S	N	B	S	H	O	P
S	G	M	G	P	I	F	M	W	H	N	Y	O	H	P	M
R	T	E	X	A	C	H	S	V	V	R	C	D	Y	C	B
Q	L	O	N	C	O	Z	J	C	W	G	P	Q	V	R	N
E	I	Z	M	U	T	E	G	E	D	L	N	Q	H	D	H
I	A	N	W	A	N	F	I	Y	G	E	I	G	U	S	H
G	Â	T	R	P	C	C	S	N	U	Z	R	C	H	H	O
J	G	C	A	D	L	G	H	U	R	N	Ţ	U	M	A	C
Q	L	L	L	C	R	E	Y	I	Ă	Ă	K	J	F	O	K

GURĂ
CREIER
GLEZNĂ
GÂT
COT
INIMĂ
DEGET
STOMAC
UMĂR
GENUNCHI
BUZE
MÂNĂ
FALCĂ
BĂRBIE
NAS
URECHE
PIELE
SÂNGE
CAP
FAȚĂ

31 - Biologie

S	L	E	M	G	C	P	N	V	R	Y	Y	B	E	M	E
Ă	L	I	T	P	E	R	E	I	M	O	T	A	N	A	M
O	M	Ţ	C	E	L	U	L	Ă	N	J	O	C	V	M	B
A	W	U	D	C	R	O	M	O	Z	O	M	T	N	I	R
C	O	L	A	G	E	N	S	S	Q	Q	M	E	D	F	I
V	D	O	S	A	Ă	M	I	Z	N	E	U	R	H	E	O
N	Ţ	V	I	Ă	Z	O	I	B	M	I	S	I	O	R	N
U	E	E	B	S	E	F	I	R	E	S	C	I	Q	H	Q
C	H	R	L	G	T	P	R	O	T	E	I	N	Ă	F	C
K	N	U	V	E	N	D	K	X	D	G	N	W	T	P	R
L	T	Y	F	R	I	R	A	G	M	U	T	A	Ţ	I	E
U	H	K	C	O	S	M	O	Z	Ă	N	E	U	R	O	N
M	T	K	F	Z	O	V	Y	Ţ	C	I	Z	P	A	T	F
N	S	Y	D	J	T	E	S	I	N	A	P	S	Ă	O	N
Q	Q	Q	W	N	O	A	O	Ţ	L	P	U	F	F	J	F
L	Y	P	U	N	F	S	R	O	B	P	Z	Z	Y	L	G

ANATOMIE
BACTERII
CELULĂ
CROMOZOM
COLAGEN
EMBRION
ENZIMĂ
EVOLUŢIE
HORMON
MAMIFER
MUTAŢIE
FIRESC
NERV
NEURON
OSMOZĂ
FOTOSINTEZĂ
PROTEINĂ
REPTILĂ
SIMBIOZĂ
SINAPSĂ

32 - Épices

A	E	E	Y	N	S	F	V	Ţ	W	Ţ	A	A	H	A	L
N	Z	Ţ	F	U	C	C	E	I	L	I	N	A	V	M	E
L	O	U	X	C	O	V	A	N	Q	U	G	I	R	A	M
U	P	J	C	Ş	R	G	X	R	I	R	S	F	W	R	N
V	T	A	H	O	Ț	M	K	Y	D	C	E	V	W	W	D
I	E	B	I	A	I	W	B	V	H	A	U	L	R	D	U
N	E	A	M	R	Ș	P	H	Y	B	C	M	L	I	Y	L
R	K	N	I	Ă	O	S	A	R	E	G	L	O	B	T	C
C	S	A	O	P	A	N	Y	R	I	B	Ţ	D	M	Z	E
E	U	S	N	I	R	Ș	Z	U	P	A	P	R	I	K	A
A	S	O	M	P	Ă	O	O	C	E	Q	E	Q	H	Z	U
P	T	N	L	E	G	O	V	F	C	R	X	Ţ	G	P	G
Ă	U	V	U	R	D	N	A	I	R	O	C	T	U	P	H
G	R	A	R	O	M	Ă	Ţ	B	Ţ	A	Y	Y	W	N	N
K	O	Z	T	L	T	Y	D	T	T	Q	N	N	W	A	Q
D	I	Q	C	P	R	S	P	L	P	Q	H	Y	C	J	T

ACRU
USTUROI
AMAR
ANASON
SCORȚIȘOARĂ
CARDAMOM
CORIANDRU
CHIMION
CURRY
FENICUL
GHIMBIR
NUCŞOARĂ
CEAPĂ
PAPRIKA
PIPER
LEMN DULCE
ȘOFRAN
AROMĂ
SARE
VANILIE

33 - Agronomie

H	E	Z	I	Ă	P	A	K	I	E	V	T	I	A	V	E
C	I	K	S	R	G	A	Q	D	N	M	P	E	R	G	C
P	Ț	I	M	U	F	B	X	E	E	C	U	X	U	S	O
E	C	I	U	T	U	L	E	N	R	D	Ţ	G	L	Z	L
R	U	R	A	L	R	A	L	T	G	X	R	D	E	Q	O
A	D	J	D	U	F	D	C	I	I	L	O	B	Y	L	G
T	O	Q	M	C	H	B	O	F	E	C	S	V	T	G	I
E	R	O	Z	I	U	N	E	I	Ș	F	J	A	L	D	E
C	P	Ţ	I	R	I	J	C	C	B	T	D	A	N	B	G
R	Y	E	F	G	D	E	L	A	C	W	I	D	P	D	E
E	H	O	K	A	U	Y	I	R	O	N	B	I	Q	E	G
C	Y	S	B	N	T	I	V	E	R	R	G	Q	N	K	V
P	Z	Y	Y	Q	S	D	D	N	Z	T	X	V	P	Ț	C
C	R	E	Ş	T	E	R	E	E	J	L	M	J	K	F	Ă
P	O	L	U	A	R	E	F	F	M	V	S	R	E	O	P
K	L	A	L	I	M	E	N	T	E	Ț	N	I	M	E	S

AGRICULTURĂ
CREŞTERE
APĂ
MEDIU
ECOLOGIE
ENERGIE
EROZIUNE
STUDIU
SEMINȚE
IDENTIFICARE
LEGUME
BOLI
ALIMENTE
POLUARE
PRODUCȚIE
CERCETARE
RURAL
ȘTIINȚĂ

34 - Science

E	X	P	E	R	I	M	E	N	T	O	M	G	Ţ	O	G
L	O	F	Q	Ă	D	O	T	E	M	R	I	R	D	M	G
U	R	B	Q	Ă	P	T	F	J	Q	G	N	A	Q	D	C
C	B	O	S	Z	U	A	O	Y	Z	A	E	V	K	E	J
I	R	K	P	E	U	N	S	E	P	N	R	I	K	Ş	G
T	E	E	X	T	R	A	I	G	W	I	A	T	A	T	M
R	C	C	I	O	N	V	L	D	A	S	L	A	Ţ	I	X
A	T	U	O	P	A	S	A	E	A	M	E	Ț	I	I	K
P	H	K	H	I	T	C	K	R	W	T	C	I	P	N	B
M	T	E	I	Ţ	U	L	O	V	E	D	E	E	L	Ț	C
C	F	A	P	T	R	O	T	A	R	O	B	A	L	Ă	G
I	E	Q	F	B	Ă	O	V	F	I	Z	I	C	Ă	H	F
M	O	L	E	C	U	L	E	H	S	S	I	E	W	Z	Z
I	C	H	U	R	N	Q	Q	U	A	Q	W	R	H	C	J
H	M	F	X	M	B	Y	O	O	Z	A	M	A	J	R	Y
C	L	I	M	A	T	Ţ	P	Q	J	C	B	E	F	C	M

ATOM
CHIMIC
CLIMAT
DATE
EXPERIMENT
EVOLUŢIE
FAPT
FOSIL
GRAVITAȚIE
IPOTEZĂ
LABORATOR
METODĂ
MINERALE
MOLECULE
NATURĂ
OBSERVARE
ORGANISM
PARTICULE
FIZICĂ
OM DE ȘTIINȚĂ

35 - Vêtements

C	W	W	Y	B	Z	T	Q	K	I	R	W	A	D	D	U
M	O	D	Ă	F	R	A	Ș	E	I	H	C	O	R	N	K
P	N	Ţ	R	O	E	C	Z	H	Y	M	N	S	Z	V	D
Ă	C	B	A	T	I	C	U	R	E	A	M	A	J	I	P
L	B	N	Ț	N	L	F	G	D	U	N	Q	G	H	Q	G
Ă	L	I	Ă	A	O	U	Z	X	V	I	Ș	U	N	Ă	M
R	U	B	R	P	C	L	A	U	J	A	G	P	F	T	G
I	Z	V	B	I	O	N	E	R	C	H	X	U	U	C	Z
E	Ă	F	N	I	W	A	R	O	J	Ă	Q	Z	L	O	S
G	I	S	S	A	N	D	A	L	E	V	M	Ţ	T	B	A
V	C	J	R	B	L	W	N	P	G	A	O	A	J	O	C
F	F	G	W	T	Ş	P	U	L	O	V	E	R	Ş	Y	O
S	U	L	I	N	O	L	A	T	N	A	P	A	C	Ă	U
Q	S	X	X	R	R	X	H	A	C	I	G	P	L	R	J
G	T	C	Z	I	Ţ	F	Z	A	J	Q	R	I	K	A	I
U	A	N	G	S	I	W	O	L	Ţ	E	E	S	P	N	Ţ

BRĂȚARĂ
CUREA
PĂLĂRIE
PANTOF
CĂMAŞĂ
BLUZĂ
COLIER
EȘARFĂ
MĂNUȘI
BLUGI
FUSTA
HAINA
MODĂ
PANTALONI
PULOVER
PIJAMA
ROCHIE
SANDALE
ŞORŢ
SACOU

36 - Arts Visuels

C	R	E	A	T	I	V	I	T	A	T	E	T	S	C	K
P	E	R	S	P	E	C	T	I	V	Ă	I	O	I	O	S
A	R	U	T	C	I	P	P	I	X	V	F	F	I	M	A
Ă	R	U	T	P	L	U	C	S	Z	Ţ	A	Q	R	P	J
Z	N	T	C	Ă	R	B	U	N	E	V	R	W	G	O	T
Ă	D	B	I	C	R	E	T	Ă	F	O	G	M	P	Z	F
C	L	A	C	S	L	T	E	R	T	R	O	P	Y	I	P
I	A	M	B	U	T	Ţ	W	A	N	U	T	E	D	Ţ	I
M	W	P	H	O	W	M	Z	E	Y	Z	O	M	D	I	V
A	A	N	O	I	E	R	C	C	K	T	F	O	L	E	Y
R	M	R	A	D	A	R	H	I	T	E	C	T	U	R	Ă
E	K	F	G	E	O	Ș	E	V	A	L	E	T	S	T	P
C	Z	I	D	I	E	P	J	J	O	R	K	W	J	E	I
B	T	L	Z	G	L	J	E	D	Q	R	R	I	G	O	Ţ
M	I	M	T	R	N	Ă	P	R	B	K	J	Y	J	A	E
N	V	Y	O	E	R	Ţ	U	Q	Ă	X	S	B	R	X	J

ARHITECTURĂ
ARGILĂ
ARTIST
CERAMICĂ
CĂRBUNE
CAPODOPERĂ
ȘEVALET
CEARĂ
COMPOZIŢIE
CRETĂ
CREION
CREATIVITATE
FILM
PICTURA
PERSPECTIVĂ
FOTOGRAFIE
PORTRET
SCULPTURĂ
PIX
LAC

37 - Méditation

M	Y	I	U	Y	M	O	P	F	C	C	A	L	M	O	C
E	C	N	Z	Ţ	U	B	O	M	W	U	B	N	K	B	N
N	V	Z	C	S	T	S	M	B	W	V	N	A	Ţ	I	I
T	Ţ	I	C	N	W	E	E	I	Ț	N	E	T	A	C	Y
A	I	P	A	C	E	R	O	P	Ș	X	G	U	G	E	J
L	I	I	O	Y	Q	V	P	I	T	C	L	R	V	I	M
P	Ț	D	J	B	U	A	G	N	V	L	A	Ă	Z	U	U
C	O	Ţ	Z	V	V	R	Ţ	X	R	M	P	R	I	R	Z
L	M	S	Y	R	Z	E	T	Ă	C	E	R	E	E	I	I
A	E	I	T	W	A	B	U	N	Ă	T	A	T	E	H	C
R	V	Q	Q	U	E	I	Ț	A	R	I	P	S	E	R	Ă
I	M	Z	F	A	R	A	C	C	E	P	T	A	R	E	E
T	P	W	U	O	T	Ă	U	Ţ	B	S	U	B	C	D	B
A	R	E	C	U	N	O	Ș	T	I	N	Ț	Ă	R	W	F
T	P	E	R	S	P	E	C	T	I	V	Ă	T	O	A	Ţ
E	C	O	M	P	A	S	I	U	N	E	Q	X	H	G	O

ACCEPTARE
ATENȚIE
CALM
CLARITATE
COMPASIUNE
EMOȚII
TREAZ
BUNĂTATE
RECUNOȘTINȚĂ
OBICEIURI
MENTAL
MIȘCARE
MUZICĂ
NATURĂ
OBSERVARE
PACE
PERSPECTIVĂ
POSTURĂ
RESPIRAȚIE
TĂCERE

38 - Littérature

H	N	R	P	C	I	W	I	U	C	R	Q	P	I	Z	B
W	C	L	E	F	R	X	O	I	P	V	X	O	W	S	I
R	P	P	O	F	F	K	Ţ	Q	D	K	I	E	C	P	O
E	V	E	E	I	Z	U	L	C	N	O	C	T	R	P	G
S	G	M	I	C	N	A	R	A	T	O	R	I	X	K	R
Ţ	Q	S	T	Ț	B	E	E	T	I	P	V	C	S	Z	A
D	E	Ă	Z	I	L	A	N	A	V	H	H	P	E	Y	F
D	I	A	O	U	R	Z	C	L	I	O	U	K	K	Ţ	I
E	Ț	A	P	N	L	I	M	E	T	A	F	O	R	Ă	E
S	A	R	L	E	B	G	M	R	B	V	P	B	X	M	R
C	R	X	Ţ	O	K	H	E	Ă	S	A	U	L	A	E	P
R	A	J	T	A	G	V	O	V	Y	N	G	T	H	T	N
I	P	S	E	U	P	W	P	O	T	T	H	U	I	T	Q
E	M	T	Ă	T	O	D	C	E	N	A	R	O	M	A	N
R	O	I	E	O	A	N	A	L	O	G	I	E	P	E	W
E	C	L	E	R	T	R	A	G	E	D	I	E	Z	G	C

ANALOGIE
ANALIZĂ
ANECDOTĂ
AUTOR
BIOGRAFIE
COMPARAȚIE
CONCLUZIE
DESCRIERE
DIALOG
FICȚIUNE
METAFORĂ
NARATOR
POEM
POETIC
RIMĂ
ROMAN
RITM
STIL
TEMĂ
TRAGEDIE

39 - Nourriture #1

L	A	P	T	E	U	S	T	U	R	O	I	M	Q	G	Z
S	U	P	Ă	N	Y	E	C	J	J	V	S	F	X	M	S
G	Y	N	T	R	A	C	Q	Ă	F	E	M	X	X	H	F
R	I	F	A	A	D	D	C	H	P	A	N	J	N	N	S
S	I	Y	L	C	Ă	P	A	E	C	Ș	Y	R	B	F	H
G	E	H	A	E	R	A	S	I	A	M	U	T	E	Z	T
C	F	L	S	Q	A	N	A	Â	N	S	O	N	S	U	C
P	A	R	Ă	V	O	O	U	M	A	S	A	R	Ă	E	F
D	D	C	P	A	Ș	T	Z	Ă	P	O	D	Ă	C	J	G
U	R	T	I	K	I	C	K	L	S	Ţ	G	H	P	O	G
Z	Q	B	Q	G	Ț	N	W	N	F	G	H	A	V	Q	V
M	N	N	K	H	R	R	B	P	J	Z	P	Z	M	Ţ	K
B	U	S	U	I	O	C	L	I	J	L	B	Q	R	N	Z
S	R	G	B	U	C	L	I	Ţ	A	L	E	V	Ţ	O	L
Z	W	C	W	L	S	C	E	M	C	A	F	E	A	G	F
S	R	G	E	V	Z	V	E	L	J	H	K	J	V	W	A

USTUROI
BUSUIOC
CAFEA
SCORȚIȘOARĂ
MORCOV
LĂMÂIE
SPANAC
CĂPȘUNĂ
SUC
LAPTE

NAP
CEAPĂ
ORZ
PARĂ
SALATĂ
SARE
SUPĂ
ZAHĂR
TON
CARNE

40 - Jours et Mois

L	G	Y	U	M	F	J	Z	T	M	F	N	W	Q	X	L
V	U	N	S	E	P	V	K	R	H	E	I	N	U	I	K
I	U	N	I	U	L	I	E	A	H	B	D	L	G	T	Z
N	X	N	I	N	T	Z	L	D	V	R	J	W	L	Q	D
E	S	Ă	P	T	Ă	M	Â	N	Ă	U	L	K	J	M	U
R	P	W	J	S	T	H	U	E	S	A	F	E	Y	A	M
I	E	B	N	U	Ă	N	U	L	D	R	U	B	H	R	I
T	V	B	G	G	B	D	A	A	F	I	E	Y	A	Ț	N
E	W	I	Q	U	M	M	B	C	E	E	I	O	J	I	I
I	P	Ţ	G	A	Â	I	Y	Q	H	Q	R	O	C	O	C
R	S	T	U	R	S	E	P	T	E	M	B	R	I	E	Ă
A	P	R	I	L	I	E	E	I	R	B	M	O	T	C	O
U	M	A	R	T	I	E	I	X	K	E	E	S	H	W	O
N	M	I	E	R	C	U	R	I	C	P	I	P	Z	H	U
A	G	Z	Q	V	W	R	D	T	P	H	O	Y	N	E	C
I	N	K	J	O	R	L	Y	R	C	C	N	I	U	N	N

AUGUST
APRILIE
CALENDAR
DUMINICĂ
FEBRUARIE
IANUARIE
JOI
IULIE
IUNIE
LUNI
MARȚI
MARTIE
MIERCURI
LUNĂ
NOIEMBRIE
OCTOMBRIE
SÂMBĂTĂ
SĂPTĂMÂNĂ
SEPTEMBRIE
VINERI

41 - Entreprise

P	R	O	F	I	T	I	R	U	T	I	N	E	V	N	B
U	E	G	A	G	E	Q	R	H	R	Q	W	R	Q	Ţ	U
X	A	R	R	B	I	J	M	R	A	H	T	A	A	A	G
E	Q	I	V	Q	A	K	Ţ	C	N	Y	H	Z	A	N	E
R	O	B	H	A	I	O	N	F	Z	N	R	N	V	G	T
T	A	X	E	U	L	P	D	S	A	B	N	Â	K	A	T
T	A	R	P	N	A	U	I	P	C	Y	U	V	H	J	A
F	A	B	R	I	C	Ă	T	I	Ţ	B	A	N	I	A	Ţ
A	W	J	A	Z	A	R	A	Ă	I	H	A	N	R	T	B
T	I	X	A	A	B	E	C	Ţ	E	S	Y	S	S	O	P
O	I	X	X	G	L	I	T	O	N	S	J	N	I	R	J
B	V	S	V	A	N	R	D	P	U	A	M	A	R	F	Ă
Z	B	W	S	M	U	A	Q	P	S	G	N	T	X	A	Q
P	X	C	O	S	T	C	O	Z	M	E	B	I	R	O	U
U	K	I	N	V	E	S	T	I	Ț	I	I	E	F	S	H
E	C	O	N	O	M	I	E	I	N	A	P	M	O	C	T

BANI
MAGAZIN
BUGET
BIROU
CARIERĂ
COST
VALUTĂ
ANGAJATOR
ANGAJAT
COMPANIE

ECONOMIE
FINANŢA
TAXE
INVESTIȚII
MARFĂ
PROFIT
VENITURI
TRANZACŢIE
FABRICĂ
VÂNZARE

42 - Activités

B	F	K	T	U	S	U	C	A	U	C	P	D	R	H	M
Ţ	T	O	L	I	Z	Z	V	L	N	A	I	U	A	N	E
P	E	Y	T	R	M	F	V	X	L	M	C	C	C	D	Ş
X	L	Z	I	O	H	P	Ţ	X	S	P	T	X	T	Q	T
K	E	Ă	U	U	G	X	L	C	Z	I	U	U	I	P	E
N	F	C	C	V	B	R	X	I	S	N	R	D	V	V	Ş
E	E	I	S	E	I	G	A	M	B	G	A	D	I	Y	U
G	R	M	E	R	R	K	S	F	S	E	Ă	R	T	V	G
R	A	A	P	A	U	E	G	A	I	L	R	U	A	T	U
T	X	R	E	O	C	Y	E	Q	M	E	U	M	T	F	R
I	A	E	A	T	O	O	V	I	W	U	T	E	E	Y	I
C	L	C	U	Ă	J	U	F	M	P	B	C	Ț	F	K	V
Y	E	R	A	N	Â	M	E	D	N	Î	E	I	A	U	U
A	R	A	R	Â	A	T	G	E	I	Y	L	I	R	W	F
J	H	G	V	V	I	N	T	E	R	E	S	E	T	B	F
E	Q	T	F	I	W	T	I	R	Ă	N	I	D	Ă	R	G

ACTIVITATE
ARTĂ
MEŞTEŞUGURI
CAMPING
CERAMICĂ
VÂNĂTOARE
ÎNDEMÂNARE
CUSUT
INTERESE
GRĂDINĂRIT

JOCURI
LECTURĂ
TIMP LIBER
MAGIE
PICTURA
PESCUIT
FOTOGRAFIE
PLĂCERE
DRUMEȚII
RELAXARE

43 - Mode

M	Ţ	E	S	Ă	T	U	R	Ă	S	O	P	N	A	U	R
O	E	O	H	S	Z	F	P	V	L	R	R	K	A	N	I
D	T	E	Q	W	A	T	M	G	C	I	A	L	V	A	S
E	N	T	Z	N	B	A	U	W	T	G	C	X	M	J	F
L	I	B	I	S	E	C	C	A	X	I	T	R	I	S	V
B	M	E	Y	D	D	I	S	Ă	Ţ	N	I	D	N	E	T
R	Ă	Y	R	A	K	T	I	I	Ţ	A	C	J	I	C	S
O	C	P	J	N	P	S	T	L	M	L	W	T	M	U	E
D	Ă	Z	M	T	Y	I	R	E	Ţ	P	S	T	A	B	D
E	R	V	O	E	T	F	Z	B	X	T	L	Y	L	U	O
R	B	R	D	L	G	O	J	X	U	T	Z	U	I	T	M
I	M	X	E	Ă	H	S	E	K	M	T	U	E	S	I	P
E	Î	K	R	S	L	J	F	C	T	F	O	R	T	C	D
H	D	P	N	T	E	L	E	G	A	N	T	A	Ă	C	J
T	N	F	X	I	N	Z	F	H	P	S	E	S	N	J	Y
J	Y	H	E	L	V	S	O	S	M	Q	R	I	W	E	A

ACCESIBIL
BUTIC
BUTOANE
BRODERIE
SCUMP
DANTELĂ
ELEGANT
MINIMALIST
MODERN
MODEST
MODEL
ORIGINAL
PRACTIC
SIMPLU
SOFISTICAT
STIL
TENDINŢĂ
TEXTURĂ
ŢESĂTURĂ
ÎMBRĂCĂMINTE

44 - Nourriture #2

U	V	B	C	L	Z	C	I	S	I	I	O	T	Z	S	U
E	Ţ	F	R	X	L	Ţ	Ă	E	C	K	I	W	I	T	V
M	F	U	Ă	O	J	K	T	M	A	N	G	O	K	R	U
P	U	I	M	Ț	C	B	A	N	A	N	Ă	N	A	U	X
X	V	H	L	E	B	C	L	L	E	O	U	N	Q	G	F
O	U	F	A	L	L	Y	O	R	J	Z	I	A	P	U	G
W	H	Q	N	I	S	M	C	L	P	O	F	H	J	R	N
Q	M	U	M	N	A	I	O	U	I	Â	P	O	M	I	G
L	H	A	R	Ă	C	Q	I	C	J	K	I	E	L	K	Ă
Z	D	Y	H	H	I	Z	C	N	F	T	G	N	Ş	A	Ș
X	Ţ	G	C	G	U	Â	R	G	U	I	S	O	E	T	A
F	D	C	A	G	P	A	K	Q	O	V	A	H	E	Ș	E
B	O	S	U	Z	E	R	O	L	U	N	Y	X	S	U	R
Ţ	G	Ţ	K	B	R	V	Â	N	Ă	T	Ă	N	O	N	I
R	O	Ș	I	E	C	B	R	R	A	E	P	U	H	C	C
U	H	H	R	T	Ă	L	A	D	G	I	M	K	G	Ă	E

MIGDALĂ
VÂNĂTĂ
BANANĂ
GRÂU
BROCCOLI
CIREAȘĂ
ȚELINĂ
CIUPERCĂ
CIOCOLATĂ
ȘUNCĂ
KIWI
MANGO
OU
PÂINE
PEŞTE
MĂR
PUI
STRUGURI
OREZ
ROȘIE

45 - Algèbre

W	M	S	E	R	E	F	P	R	O	B	L	E	M	Ă	Q
L	I	L	I	Ă	Q	A	Z	E	R	O	X	S	Y	L	N
N	A	H	Ţ	M	W	L	J	L	C	M	Ţ	C	L	U	G
F	U	V	A	U	P	S	T	M	I	H	Z	L	M	M	P
L	L	Y	U	N	H	L	Ţ	M	A	N	L	E	B	R	M
Q	I	Z	C	O	E	H	I	O	A	W	I	T	Z	O	K
U	B	Q	E	E	E	G	R	F	Ţ	T	J	A	S	F	D
P	A	R	A	N	T	E	Z	Ă	I	U	R	T	R	A	I
G	I	O	I	A	N	R	K	L	A	C	F	I	V	W	A
I	R	T	J	U	E	E	O	B	I	Ţ	A	T	C	H	G
D	A	C	B	L	N	D	I	J	K	P	B	N	A	E	R
C	V	A	M	D	O	Ă	Q	N	S	E	L	A	Ţ	H	A
Z	F	F	O	X	P	C	I	F	A	R	G	C	Ţ	H	M
Z	X	K	J	L	X	S	S	O	L	U	Ţ	I	E	O	Ă
M	J	C	C	Ţ	E	I	N	F	I	N	I	T	Y	K	Y
F	R	A	C	Ț	I	U	N	E	E	Z	M	O	W	D	Z

DIAGRAMĂ
EXPONENT
ECUAŢIE
FACTOR
FALS
FORMULĂ
FRACȚIUNE
GRAFIC
INFINIT
LINIAR
MATRICE
NUMĂR
PARANTEZĂ
PROBLEMĂ
CANTITATE
SIMPLIFICA
SOLUŢIE
SCĂDERE
VARIABIL
ZERO

46 - Océan

Ţ	C	D	E	L	F	I	N	Q	O	P	X	A	P	P	W
R	G	Q	Z	A	I	I	G	S	J	E	E	R	A	M	H
W	Q	H	U	R	K	M	C	H	T	Ş	G	W	D	Z	L
O	Y	C	D	O	L	M	W	E	I	T	L	L	E	O	K
G	B	S	E	C	N	U	T	I	R	E	A	J	Ţ	S	Ţ
A	A	D	M	C	O	K	E	W	U	R	V	Z	L	P	Y
C	R	E	V	E	T	Ă	N	E	L	A	B	L	N	N	F
F	C	V	G	Z	F	I	R	X	A	S	P	W	K	L	D
R	H	I	M	M	D	L	Z	E	V	I	S	K	Ţ	L	T
P	Ă	S	T	R	I	D	I	E	C	W	Q	X	B	P	C
A	N	G	H	I	L	Ă	B	E	X	H	R	W	U	E	I
H	U	Z	M	E	T	W	O	A	S	H	I	Q	R	S	A
O	T	Ă	Ț	I	T	A	C	A	R	A	C	N	E	I	F
O	R	O	E	M	S	T	L	Ţ	X	C	N	E	T	L	J
P	U	B	R	V	C	T	F	Ţ	D	K	Ă	U	E	K	P
I	F	P	G	S	Q	V	V	G	L	V	E	Z	Z	A	V

ALGE
ANGHILĂ
BALENĂ
BARCĂ
CORAL
CRAB
CREVETĂ
DELFIN
BURETE
STRIDIE
MAREE
MEDUZE
PEŞTE
CARACATIȚĂ
RECHIN
RECIF
SARE
FURTUNĂ
TON
VALURI

47 - Antiquités

Ț	I	J	Z	S	I	N	O	N	A	Ţ	B	E	V	A	C
A	E	I	R	E	L	A	G	A	Q	D	G	C	F	Ţ	A
R	L	R	A	B	O	R	I	Q	U	S	V	S	Z	T	L
T	E	M	P	S	C	I	I	Ț	I	T	S	E	V	N	I
Ă	G	N	O	B	E	E	H	Q	E	D	E	N	O	M	T
O	A	L	H	B	S	H	C	H	O	X	R	N	T	S	A
L	N	D	Z	W	I	N	E	N	B	W	A	J	T	A	T
Y	T	D	V	O	J	L	V	L	V	L	O	C	I	I	E
O	Q	G	N	O	Q	C	I	G	Y	I	L	O	U	I	C
P	V	I	T	A	R	O	C	E	D	C	A	K	N	R	P
S	C	U	L	P	T	U	R	Ă	R	I	V	P	Ș	E	J
Ţ	J	D	H	E	E	R	U	S	H	T	B	L	I	T	S
G	S	U	A	P	E	L	S	V	V	A	I	P	B	U	K
X	D	E	C	E	N	I	I	Q	Q	Ţ	D	T	O	J	Z
R	E	S	T	A	U	R	A	R	E	I	L	Z	E	I	O
K	P	C	C	Y	Q	Y	V	J	Ţ	E	J	K	N	B	L

ARTĂ
AUTENTIC
BIJUTERII
DECENII
DECORATIV
LICITAŢIE
ELEGANT
GALERIE
NEOBIȘNUIT
INVESTIȚII
MOBILIER
MONEDE
PREȚ
CALITATE
RESTAURARE
SCULPTURĂ
SECOL
STIL
VALOARE
VECHI

48 - Réchauffement Climatique

P	Z	Z	P	W	T	G	I	N	D	U	S	T	R	I	E
I	M	W	J	G	F	O	U	A	R	C	T	I	C	D	E
A	C	U	M	E	U	Ă	U	V	E	I	Ţ	N	E	T	A
P	O	P	U	L	A	Ţ	I	I	E	N	O	X	H	B	I
D	B	Ă	N	Y	I	N	V	H	R	R	E	G	F	O	U
W	F	Z	N	G	T	I	I	A	A	G	N	R	I	N	B
C	L	I	M	A	T	I	I	B	T	C	O	W	G	T	J
O	J	R	R	D	F	T	T	I	L	X	O	B	J	I	L
L	P	C	B	B	M	Ş	O	T	O	W	Ţ	P	Q	K	E
F	K	I	Y	I	C	E	R	A	V	D	A	T	E	N	M
I	X	T	I	G	T	D	X	T	Z	M	E	D	I	U	N
X	Ţ	A	Y	Y	G	M	I	E	E	A	F	X	H	Z	D
C	B	V	P	C	E	O	Y	B	D	R	G	J	G	L	D
I	N	T	E	R	N	A	Ţ	I	O	N	A	L	G	J	H
J	D	Q	J	K	L	E	G	I	S	L	A	Ţ	I	E	Q
M	W	P	I	G	E	N	E	R	A	Ţ	I	I	C	G	X

ARCTIC
ATENȚIE
CLIMAT
CRIZĂ
DEZVOLTARE
DATE
MEDIU
ENERGIE
VIITOR
GAZ
GENERAȚII
GUVERN
HABITATE
INDUSTRIE
INTERNAȚIONAL
LEGISLAȚIE
ACUM
POPULAȚII
OM DE ȘTIINȚĂ

49 - Ballet

E	K	Ţ	S	Ă	S	Ţ	N	E	A	R	R	H	Z	Y	S
Î	X	Q	Ţ	N	H	R	T	T	Q	P	U	W	J	J	T
N	K	P	Ă	I	P	D	O	A	M	F	L	V	X	B	I
D	Ţ	K	R	R	C	S	Z	T	S	E	G	A	L	N	L
E	Z	O	T	E	W	J	V	I	I	P	L	C	U	B	J
M	Q	J	S	L	S	X	D	S	Q	Z	X	F	D	Z	G
Â	L	B	E	A	R	I	M	N	Y	F	O	J	Z	J	E
N	Ţ	F	H	B	G	E	V	E	P	D	R	P	G	R	D
A	D	G	C	I	T	S	I	T	R	A	I	U	M	P	N
R	E	I	R	O	T	A	S	N	A	D	T	B	M	O	Y
E	Z	Z	O	B	W	Ă	C	I	Z	U	M	L	U	E	C
Q	I	G	C	R	A	F	G	N	I	Y	B	I	Ș	O	T
V	Q	E	E	I	F	A	R	G	E	R	O	C	C	X	P
R	E	P	E	T	I	Ţ	I	E	P	T	J	N	H	M	T
G	R	A	Ț	I	O	S	S	O	L	O	C	P	I	U	O
T	E	H	N	I	C	Ă	J	I	C	J	S	L	X	G	N

APLAUZE
ARTISTIC
BALERINĂ
COREGRAFIE
ÎNDEMÂNARE
COMPOZITOR
DANSATORI
EXPRESIV
GEST
GRAȚIOS
INTENSITATE
MUȘCHI
MUZICĂ
ORCHESTRĂ
PUBLIC
REPETIŢIE
RITM
SOLO
STIL
TEHNICĂ

50 - Fruit

C	N	P	E	P	E	N	E	J	X	Ţ	O	M	Y	P	S
D	A	E	O	O	S	C	V	L	H	B	D	P	W	O	U
Z	V	I	C	B	O	X	T	U	L	W	A	V	I	R	B
Q	A	Â	S	T	X	Q	R	D	W	J	C	C	E	T	Y
H	U	M	A	Ă	A	X	Ţ	S	N	U	O	V	Ă	O	P
A	G	Ă	N	C	Ţ	R	H	O	F	M	V	D	R	C	P
N	J	L	A	I	Ţ	Ă	I	G	I	F	A	D	U	A	G
M	P	B	N	S	R	M	W	N	Y	L	Y	H	E	L	J
F	Z	B	A	R	M	C	I	A	Ă	V	A	L	M	I	Q
P	A	R	Ă	E	H	C	K	M	U	B	P	M	Z	U	G
Q	N	N	Q	I	F	N	C	I	R	E	A	Ș	Ă	F	C
K	I	T	Ţ	P	O	J	T	D	F	Z	P	L	L	O	N
S	T	R	U	G	U	R	I	M	O	B	C	Y	N	S	D
U	H	T	K	N	G	C	Ţ	K	S	Ţ	L	H	S	I	E
L	B	A	N	A	N	Ă	T	Ţ	G	R	Z	C	B	X	B
C	X	N	L	S	R	O	D	F	P	X	F	E	X	U	Y

CAISĂ
ANANAS
AVOCADO
BACĂ
BANANĂ
CIREAȘĂ
LĂMÂIE
FIG
ZMEURĂ
GUAVA
KIWI
MANGO
PEPENE
NECTARINĂ
PORTOCALIU
PAPAYA
PIERSICĂ
PARĂ
MĂR
STRUGURI

51 - Musique

M	G	Y	J	C	Q	M	T	I	R	S	E	X	P	C	D
M	E	L	O	D	I	E	U	E	R	Y	C	I	O	L	H
S	A	Y	Y	Y	G	E	X	Z	R	O	E	V	E	A	D
C	I	M	T	I	R	M	O	H	I	N	E	D	T	S	D
I	Z	W	J	X	Q	U	O	U	X	C	Ţ	S	I	I	A
N	N	O	F	O	R	C	I	M	R	E	A	V	C	C	B
O	L	S	O	M	K	V	C	I	S	X	N	L	I	X	J
M	Ţ	U	T	C	L	L	B	T	J	Ă	D	A	R	T	Ţ
R	U	Ț	E	R	Ă	T	N	Â	C	D	R	C	I	H	X
A	A	Z	J	C	U	C	Â	N	T	A	V	O	L	H	M
C	Q	E	I	N	O	M	R	A	E	L	X	V	W	J	P
B	Ţ	C	A	C	Ă	R	E	P	O	A	L	F	A	J	A
G	H	K	U	Z	I	T	B	N	E	B	S	F	Y	I	L
U	C	O	U	O	J	A	S	S	T	T	E	M	P	O	B
Q	E	N	B	C	G	D	N	B	R	T	P	F	X	M	U
Î	N	R	E	G	I	S	T	R	A	R	E	B	Z	V	M

ALBUM
BALADĂ
CÂNTA
CÂNTĂREȚ
CLASIC
ÎNREGISTRARE
ARMONIE
ARMONIC
INSTRUMENT
LIRIC
MELODIE
MICROFON
MUZICAL
MUZICIAN
OPERĂ
POETIC
RITM
RITMIC
TEMPO
VOCAL

52 - Météo

N	O	R	A	R	U	T	A	R	E	P	M	E	T	S	B
A	F	T	E	Ţ	M	A	T	A	C	S	U	L	Z	E	Z
G	I	G	E	C	B	M	M	L	A	C	E	A	H	C	D
A	G	L	Ţ	B	H	I	O	R	P	A	B	C	F	E	K
R	H	N	A	I	U	L	S	M	Ţ	Q	U	I	W	T	Z
U	T	S	I	Z	P	C	F	R	G	S	C	P	N	Ă	D
F	E	O	S	D	Z	C	E	D	U	D	R	O	G	T	M
G	N	M	R	Ă	W	X	R	P	J	M	U	R	O	N	Ţ
D	U	P	F	N	C	W	Ă	E	K	C	C	T	O	M	U
Ţ	T	Q	J	U	A	W	R	N	O	E	Q	F	W	X	J
Y	Z	R	P	T	I	D	M	Q	R	A	L	O	P	V	A
Y	T	K	A	R	O	M	Ă	U	M	Ț	H	F	T	Â	M
J	K	T	B	U	R	U	Z	F	S	Ă	A	G	Q	N	Q
P	K	N	I	F	K	D	I	Q	F	O	Z	T	Q	T	O
U	N	Q	Q	W	Z	V	R	J	K	Ţ	N	U	U	Ţ	U
G	H	E	A	Ț	Ă	V	B	G	Q	O	T	O	C	Ţ	Y

CURCUBEU
ATMOSFERĂ
BRIZĂ
CEAȚĂ
CALM
CER
CLIMAT
GHEAȚĂ
MUSON
NOR
URAGAN
POLAR
USCAT
SECETĂ
TEMPERATURA
FURTUNĂ
TUNET
TORNADĂ
TROPICALE
VÂNT

53 - L'Entreprise

N	P	P	I	N	V	E	S	T	I	Ț	I	I	A	T	R
O	H	Z	R	P	X	N	Z	N	B	X	U	L	F	C	I
Z	V	M	X	E	O	D	S	Y	K	F	W	L	A	G	S
O	G	A	H	R	Z	S	G	C	F	S	M	A	C	N	C
G	L	O	B	A	L	E	I	T	A	T	U	P	E	R	U
P	A	I	Ţ	Y	S	S	N	B	K	A	K	S	R	Q	R
R	N	N	M	P	E	T	A	T	I	L	A	C	I	F	I
O	O	O	V	L	R	A	G	E	A	L	D	V	G	R	L
G	I	V	E	G	V	O	W	F	J	R	I	I	P	U	R
R	S	A	E	Ț	N	I	D	N	E	T	E	T	K	O	S
E	E	T	E	I	R	T	S	U	D	N	I	A	A	I	Q
S	F	O	K	B	W	G	W	F	S	C	Z	E	T	T	U
N	O	R	V	E	N	I	T	U	R	I	I	R	F	Ţ	E
V	R	R	E	S	U	R	S	E	R	A	C	C	Y	M	I
Y	P	A	N	G	A	J	A	R	E	R	E	T	S	B	J
U	N	I	T	Ă	Ț	I	H	R	X	S	D	T	A	F	E

AFACERI
CREATIV
DECIZIE
ANGAJARE
GLOBAL
INDUSTRIE
INOVATOR
INVESTIȚII
POSIBILITATE
PREZENTARE
PRODUS
PROFESIONAL
PROGRES
CALITATE
RESURSE
VENITURI
REPUTATIE
RISCURI
TENDINȚE
UNITĂȚI

54 - Gouvernement

N	N	R	B	X	N	E	U	D	S	I	M	B	O	L	I
L	A	A	B	M	Q	I	L	I	V	I	C	F	H	R	N
I	D	Ţ	Ț	H	F	Z	N	S	E	S	H	C	I	U	D
B	R	H	I	I	W	V	Z	C	I	D	I	R	U	J	E
E	E	C	P	O	U	I	E	U	M	J	Ţ	S	F	O	P
R	P	E	A	L	N	N	G	Ţ	M	D	C	B	M	Y	E
T	T	T	Ș	K	B	A	E	I	X	C	S	D	U	P	N
A	U	Ă	N	X	I	G	L	E	R	I	B	R	O	V	D
T	R	Ț	I	E	I	Ț	U	T	I	T	S	N	O	C	E
E	I	E	C	Q	E	O	S	A	M	M	Q	N	C	Z	N
S	A	N	Ă	R	M	E	I	T	H	E	D	P	P	O	Ţ
P	W	I	I	S	F	X	S	I	A	F	P	Y	S	U	Ă
J	J	E	S	W	G	W	S	L	X	T	O	J	N	K	M
M	O	N	U	M	E	N	T	A	S	Y	R	B	M	Y	S
Ţ	X	B	E	D	Z	J	E	G	Y	G	U	F	J	W	F
P	O	L	I	T	I	C	Ă	E	T	A	T	P	E	R	D

CETĂȚENIE
CIVIL
CONSTITUȚIE
VORBIRE
DISCUŢIE
DREPTURI
EGALITATE
STAT
INDEPENDENŢĂ
JURIDIC
DREPTATE
LIBERTATE
LEGE
MONUMENT
NAȚIUNE
NAŢIONAL
PAȘNICĂ
POLITICĂ
SIMBOL

55 - Randonnée

A	Z	X	X	C	S	G	Q	L	L	O	R	B	D	P	S
P	K	T	L	Ţ	N	H	Q	F	Ţ	B	G	R	E	U	W
B	R	F	E	M	Z	I	C	A	Q	O	L	Q	Y	N	V
C	O	E	X	B	E	D	B	A	V	S	S	R	M	O	N
X	E	T	G	L	R	U	I	D	Ţ	I	I	J	Q	I	X
I	Z	N	N	Ă	A	R	I	C	C	T	I	M	M	U	S
J	N	U	I	F	T	I	S	T	Â	N	C	Ă	H	C	O
S	U	M	P	Z	N	I	S	Ă	L	B	A	T	I	C	A
Z	P	D	M	L	E	F	R	C	Y	O	U	A	P	Ă	R
P	F	Ţ	A	S	I	U	P	E	L	Y	V	T	F	H	E
P	A	R	C	U	R	I	I	M	A	I	M	Q	H	L	K
S	Q	I	Q	T	O	J	E	E	X	M	M	P	H	Ţ	R
N	A	T	U	R	Ă	E	T	R	R	S	Y	A	I	J	N
Y	C	M	O	L	Z	I	R	V	L	T	P	M	T	D	Q
H	A	R	T	Ă	T	G	E	Q	F	O	Ţ	S	K	J	D
A	N	I	M	A	L	E	L	Z	O	U	Q	F	V	Q	T

ANIMALE
CIZME
CAMPING
HARTĂ
CLIMAT
APĂ
STÂNCĂ
OBOSIT
GHIDURI
GREU

VREME
MUNTE
NATURĂ
ORIENTARE
PARCURI
PIETRE
PREGĂTIREA
SĂLBATIC
SOARE
SUMMIT

56 - Nutrition

C	O	N	D	I	M	E	N	T	E	Q	D	L	N	A	X
V	I	T	A	M	I	N	Ă	D	V	D	I	N	E	T	F
V	L	G	T	W	M	E	J	S	Q	C	E	V	C	K	I
B	P	B	R	R	Ţ	L	H	D	B	Q	T	P	Ţ	D	B
Z	Z	E	C	E	E	P	D	Q	G	H	Ă	K	R	G	S
R	C	N	E	Z	U	Ţ	U	M	T	L	Y	K	Y	K	Ă
N	A	I	D	Ţ	Z	T	Q	V	Z	G	Z	K	H	M	N
A	L	E	W	E	I	Ţ	A	T	N	E	M	R	E	F	Ă
E	I	T	S	E	G	I	D	T	H	U	T	V	P	S	T
X	T	O	L	I	B	I	T	S	E	M	O	C	A	S	A
T	A	R	B	I	L	I	H	C	E	D	X	M	L	A	T
Z	T	P	X	J	S	R	A	H	Y	Y	I	H	K	M	E
V	E	Ţ	H	Ă	M	O	R	A	L	M	N	C	R	A	B
V	A	B	D	R	S	L	S	Ţ	U	D	Ă	B	U	R	U
A	P	E	T	I	T	A	S	Ă	N	Ă	T	O	S	L	J
R	C	Ţ	H	M	P	C	L	I	C	H	I	D	E	W	G

AMAR
APETIT
CALORII
COMESTIBIL
DIETĂ
DIGESTIE
CONDIMENTE
ECHILIBRAT
FERMENTAŢIE
GLUCIDE
LICHIDE
GREUTATE
PROTEINE
CALITATE
SĂNĂTOS
SĂNĂTATE
SOS
AROMĂ
TOXINĂ
VITAMINĂ

57 - Créativité

I	N	U	I	Z	I	V	C	I	T	S	I	T	R	A	S
N	N	Ţ	L	X	Y	Q	K	M	P	R	C	T	L	S	F
S	J	T	S	J	L	E	T	A	T	I	R	A	L	C	L
E	I	S	E	R	P	M	I	G	I	N	A	R	V	T	U
O	V	I	T	N	E	V	N	I	D	T	U	S	I	T	I
Ţ	D	W	O	V	S	Q	E	N	E	U	T	P	T	Ţ	D
E	M	O	Ț	I	I	I	B	E	I	I	E	O	A	L	I
Y	E	F	H	H	P	G	T	K	W	Ț	N	N	L	F	T
S	E	N	Z	A	Ţ	I	E	A	D	I	T	T	I	M	A
S	W	M	D	L	B	Z	I	P	T	E	I	A	T	T	T
Î	N	D	E	M	Â	N	A	R	E	E	C	N	A	K	E
I	N	S	P	I	R	A	Ț	I	E	E	I	W	T	I	X
E	X	P	R	E	S	I	E	M	X	Q	T	C	E	J	R
I	M	A	G	I	N	A	Ț	I	E	S	A	X	N	Y	Z
F	P	M	D	R	A	M	A	T	I	C	T	D	I	Ţ	B
B	W	W	N	F	N	O	V	S	N	X	E	P	D	Y	B

ARTISTIC
AUTENTICITATE
CLARITATE
ÎNDEMÂNARE
DRAMATIC
EXPRESIE
EMOȚII
FLUIDITATE
IDEI
IMAGINE
IMAGINAȚIE
IMPRESIE
INSPIRAȚIE
INTENSITATE
INTUIȚIE
INVENTIV
SENZAŢIE
SPONTAN
VIZIUNI
VITALITATE

58 - Science Fiction

G	T	F	N	Y	H	D	F	M	K	Ţ	R	Q	Z	O	Ţ
F	W	R	W	Z	B	Z	A	M	E	N	I	C	E	R	F
R	E	I	G	O	L	O	N	H	E	T	Ţ	K	I	A	N
T	M	R	V	M	I	P	T	S	I	L	A	E	R	C	J
S	U	Z	U	X	K	R	A	H	Z	L	D	I	A	O	Z
I	L	K	J	D	M	O	S	V	O	J	S	X	N	L	B
R	L	E	Y	K	Y	B	T	Ţ	L	C	I	A	I	R	P
U	D	U	X	K	B	O	I	I	P	Ţ	Z	L	G	B	P
T	S	B	Z	T	V	Ț	C	V	X	P	M	A	A	D	E
U	I	C	V	I	R	I	O	A	E	N	V	G	M	Q	L
F	X	L	E	Y	E	E	F	Z	G	G	P	U	I	S	O
A	D	D	I	N	C	I	M	O	T	A	Ţ	Q	N	Y	V
K	E	O	P	W	A	Ț	M	I	S	T	E	R	I	O	S
G	M	U	O	G	F	R	F	F	C	Y	M	G	Y	V	C
N	V	R	T	P	W	Ă	I	P	L	A	N	E	T	Ă	M
F	O	M	U	X	W	C	N	U	E	Ţ	V	V	P	X	C

ATOMIC
CINEMA
EXPLOZIE
EXTREM
FANTASTIC
FOC
FUTURIST
GALAXIE
ILUZIE
IMAGINAR
CĂRȚI
LUME
MISTERIOS
ORACOL
PLANETĂ
REALIST
ROBOȚI
SCENARIU
TEHNOLOGIE
UTOPIE

59 - Vertus #1

D	P	X	P	S	T	N	E	I	C	A	P	D	L	D	Î
M	E	U	S	V	K	M	I	N	A	O	E	E	I	X	N
H	O	C	C	U	R	A	T	D	M	N	Y	Î	T	S	C
F	V	D	I	C	C	S	Ţ	E	U	A	J	N	U	B	R
W	I	S	E	S	Q	Y	W	P	Z	Q	U	C	E	W	E
P	T	I	V	S	I	M	M	E	A	B	O	R	M	Ţ	Z
Ţ	A	A	W	G	T	V	F	N	N	X	T	E	C	C	Ă
F	N	S	O	I	R	U	C	D	T	F	Q	D	A	H	T
K	I	G	I	P	Q	D	Q	E	O	N	Q	E	P	F	O
G	G	E	E	O	L	L	C	N	O	Y	I	R	H	E	R
L	A	N	Y	A	N	V	P	T	P	E	L	E	Ț	N	Î
Z	M	E	Y	H	Q	A	A	R	T	I	S	T	I	C	P
X	I	R	M	W	R	O	T	Ă	C	E	M	R	E	F	G
P	Q	O	E	F	I	C	I	E	N	T	P	V	L	F	J
Q	X	S	P	W	D	I	D	P	R	A	C	T	I	C	W
I	N	T	E	L	I	G	E	N	T	D	Y	J	I	H	V

ARTISTIC
BUN
FERMECĂTOR
ÎNCREZĂTOR
CURIOS
DECISIV
AMUZANT
EFICIENT
DE ÎNCREDERE
GENEROS
IMAGINATIV
INDEPENDENT
INTELIGENT
MODEST
PASIONAT
PACIENT
PRACTIC
CURAT
ÎNȚELEPT
UTIL

60 - Professions #1

B	T	Z	Z	Z	M	J	B	Q	V	Q	J	D	M	I	M
U	A	A	A	S	T	R	O	N	O	M	S	O	P	N	U
Q	C	N	M	B	I	J	U	T	I	E	R	C	I	S	Z
N	O	A	C	B	P	P	P	V	Ţ	K	X	T	A	T	I
L	V	G	O	H	A	P	S	R	J	H	U	O	N	A	C
G	A	L	P	M	E	S	E	I	D	R	Y	R	I	L	I
F	A	R	G	O	T	R	A	C	H	N	G	F	S	A	A
X	H	K	Y	K	I	R	H	D	E	O	Z	D	T	T	N
D	A	N	S	A	T	O	R	G	O	W	L	Y	A	O	A
W	T	R	F	A	R	T	I	S	T	R	P	O	P	R	N
U	R	Ă	Ț	N	I	I	T	Ș	E	D	M	O	G	E	T
S	E	L	V	M	Z	D	V	Â	N	Ă	T	O	R	I	R
G	E	O	L	O	G	E	Ţ	B	D	W	H	V	I	P	E
Q	Z	V	E	T	E	R	I	N	A	R	J	B	I	M	N
O	N	C	W	W	B	D	E	M	R	A	V	A	T	O	O
M	G	P	Z	M	X	K	T	G	T	A	R	E	B	P	R

AMBASADOR
ARTIST
ASTRONOM
AVOCAT
BANCHER
BIJUTIER
CARTOGRAF
VÂNĂTOR
DANSATOR
ANTRENOR
EDITOR
GEOLOG
DOCTOR
MUZICIAN
PIANIST
INSTALATOR
POMPIER
PSIHOLOG
OM DE ȘTIINȚĂ
VETERINAR

61 - Géologie

E	T	Ţ	Z	G	H	E	I	Z	E	R	P	S	A	R	E
R	Q	E	U	H	Q	W	U	D	G	S	I	Z	W	B	B
O	S	A	Y	E	J	E	N	N	M	U	A	Ţ	Z	V	Y
Z	C	R	X	Z	T	A	S	T	X	Y	T	V	T	A	F
I	Ţ	G	K	T	R	Z	A	H	J	R	R	J	F	U	S
U	I	C	L	A	C	B	Q	W	Q	M	Ă	H	O	R	T
N	O	Z	O	N	Ă	W	Z	A	Ţ	L	I	R	M	A	A
E	C	T	D	V	L	T	N	E	N	I	T	N	O	C	L
U	K	J	A	X	N	U	Y	C	O	R	A	L	P	Ţ	A
C	G	V	U	L	Ă	V	A	L	Ă	N	R	E	V	A	C
U	L	Ţ	V	H	P	K	U	K	P	D	T	I	P	O	T
A	U	N	K	L	Ţ	M	X	L	L	I	S	O	F	L	I
R	M	I	N	E	R	A	L	E	C	C	L	J	J	G	T
Ț	T	C	R	I	S	T	A	L	E	A	S	H	E	A	U
E	Q	R	X	T	I	R	Y	D	A	M	N	M	D	T	V
V	X	N	S	N	B	J	J	H	E	X	N	A	T	Q	Y

ACID
CALCIU
CAVERNĂ
CONTINENT
CORAL
STRAT
CRISTALE
EROZIUNE
TOPIT
FOSIL
GHEIZER
LAVĂ
MINERALE
PIATRĂ
PLATOU
CUARȚ
SARE
STALACTIT
VULCAN
ZONĂ

62 - Jardin

I	B	C	U	C	G	A	Z	O	N	B	I	V	L	S	I
W	J	A	R	A	G	N	G	E	W	L	L	F	T	O	J
F	H	T	N	U	T	R	U	F	E	J	Q	N	Q	L	F
U	S	Q	U	C	A	P	O	C	Ţ	E	M	R	R	I	O
L	W	G	P	F	Ă	N	I	D	Ă	R	G	T	Ţ	Z	T
T	U	S	U	K	I	W	N	R	T	A	X	A	I	E	K
K	S	S	Z	F	U	Ș	E	A	A	O	Z	I	E	I	T
V	E	R	A	N	D	Ă	I	G	P	L	W	Y	Ţ	C	A
F	X	M	L	Q	S	U	U	Y	O	F	Ţ	U	P	J	J
E	Y	T	E	I	A	Z	R	D	L	E	C	T	P	B	Ţ
G	X	J	Ă	N	I	L	U	B	M	A	R	T	W	A	D
H	F	O	Ţ	W	C	P	B	K	O	W	R	C	B	Y	M
I	A	E	O	W	P	T	E	R	A	S	Ă	B	R	A	I
A	H	M	G	R	E	B	L	Ă	D	A	V	I	L	R	B
W	K	U	A	T	G	P	E	W	D	Y	U	X	Z	B	O
V	O	V	L	C	D	Y	W	U	U	U	X	I	V	J	F

COPAC
BANCĂ
TUFIȘ
GARD
IAZ
FLOARE
GARAJ
HAMAC
IARBĂ
GRĂDINĂ
BURUIENI
LOPATĂ
GAZON
VERANDĂ
GREBLĂ
SOL
TERASĂ
TRAMBULINĂ
FURTUN
LIVADĂ

63 - Santé et Bien Être #1

W	M	P	G	S	O	U	M	V	P	G	K	W	X	X	L
P	O	S	T	U	R	Ă	E	I	C	A	M	R	A	F	U
R	F	Y	D	R	I	H	D	L	R	Y	O	I	I	O	I
F	E	Q	H	I	Z	T	I	N	O	M	R	O	H	A	T
R	L	F	J	V	Ţ	N	C	E	E	G	V	A	J	S	R
W	E	T	L	W	W	Q	I	M	C	G	J	E	G	E	A
T	I	B	O	E	P	A	N	A	F	I	L	U	Î	I	T
F	P	E	D	N	X	D	Ă	O	R	R	B	G	N	P	A
B	A	C	T	E	R	I	I	F	A	E	O	O	Ă	A	M
E	Ţ	R	D	O	C	T	O	R	C	L	E	X	L	R	E
A	C	T	I	V	I	D	D	P	T	A	I	M	Ţ	E	N
B	N	C	L	I	N	I	C	A	U	X	Ţ	L	I	T	T
V	H	L	D	O	F	T	J	T	R	A	J	P	M	Ţ	J
I	Z	Z	C	L	J	H	I	O	Ă	R	I	X	E	T	K
L	G	D	A	R	P	O	T	A	F	E	F	A	X	Ţ	T
G	N	F	S	M	M	U	Ș	C	H	I	Q	G	O	R	E

ACTIV
BACTERII
CLINICA
FOAME
FRACTURĂ
OBICEI
ÎNĂLŢIME
HORMONI
DOCTOR
MEDICINĂ
MUȘCHI
OASE
PIELE
FARMACIE
POSTURĂ
RELAXARE
REFLEX
TERAPIE
TRATAMENT
VIRUS

64 - Barbecues

S	V	M	K	P	S	L	K	C	T	U	T	E	F	D	F
F	M	E	Y	E	A	O	Ţ	P	E	T	A	L	A	S	Ţ
G	E	F	Y	L	A	D	B	L	V	A	W	K	M	O	Q
X	L	I	P	J	H	D	D	W	C	P	P	L	I	U	P
F	I	E	R	B	I	N	T	E	I	R	M	Ă	L	Y	A
R	Q	C	T	I	P	C	C	B	N	Â	U	K	I	G	O
T	Y	H	N	I	T	W	U	D	A	N	Z	L	E	N	F
H	F	F	M	S	Ţ	C	R	L	K	Z	I	P	G	S	U
Ţ	O	M	T	O	A	U	F	L	B	S	C	I	O	G	T
R	A	T	Ă	R	G	G	C	A	E	R	Ă	F	P	X	G
W	M	L	E	G	U	M	E	U	Y	W	Ţ	B	K	O	C
G	E	I	K	D	R	X	N	U	Q	Z	Ţ	S	O	S	C
P	I	P	E	R	X	H	F	D	D	Ţ	P	E	G	X	D
Ţ	V	A	R	Ă	J	O	C	U	R	I	R	Y	J	N	K
B	U	W	A	O	E	Q	P	J	L	I	Q	N	C	L	P
F	H	A	S	O	P	W	R	I	L	U	J	N	Ţ	M	J

FIERBINTE
CUŢITE
PRÂNZ
CINA
COPII
VARĂ
FOAME
FAMILIE
FRUCT
GRĂTAR
JOCURI
LEGUME
MUZICĂ
CEAPĂ
PIPER
PUI
SALATE
SOS
SARE
ROSII

65 - Forêt Tropicale

P	I	A	M	F	I	B	I	E	N	I	I	E	Q	A	M
Q	Ă	L	G	N	U	J	W	T	E	L	N	R	P	C	U
H	L	S	B	X	B	S	S	C	R	B	D	I	Ţ	O	Ş
N	P	O	Ă	O	R	C	P	E	A	O	I	U	I	M	C
N	O	R	I	R	Q	F	E	S	R	T	G	Ţ	L	U	H
R	Q	O	I	E	I	F	C	N	U	A	E	E	N	N	I
E	Ţ	L	T	T	R	X	I	I	A	N	N	I	A	I	C
F	N	A	U	A	E	O	E	O	T	I	E	V	T	T	Y
U	C	V	Z	T	P	E	P	P	S	C	Z	A	U	A	I
G	M	A	M	I	F	E	R	E	E	N	E	R	R	T	X
I	Ţ	N	J	S	Ţ	E	A	C	R	L	D	P	Ă	E	U
U	N	T	Y	R	P	X	V	U	L	Y	O	U	S	D	E
C	O	N	S	E	R	V	A	R	E	I	N	S	P	E	Z
U	S	F	X	V	Q	F	U	K	H	Y	M	Q	A	H	R
Y	Ţ	Y	P	I	Y	Z	I	P	X	M	D	A	J	A	Ţ
U	I	B	T	D	D	O	L	I	R	J	M	F	T	H	A

AMFIBIENI
BOTANIC
CLIMAT
COMUNITATE
DIVERSITATE
SPECIE
INDIGENE
INSECTE
JUNGLĂ
MAMIFERE
MUȘCHI
NATURĂ
NORI
PĂSĂRI
VALOROS
CONSERVARE
REFUGIU
RESPECT
RESTAURARE
SUPRAVIEȚUIRE

66 - Ferme #1

P	Î	N	G	R	Ă	Ş	Ă	M	Â	N	T	Y	V	M	P
M	I	U	P	M	M	W	C	C	C	Â	H	G	P	A	X
Â	M	S	P	E	R	E	A	W	I	F	Z	E	R	M	T
C	R	N	I	M	U	Y	V	T	M	O	H	M	K	M	Ţ
A	R	Z	M	C	T	U	Ţ	A	D	R	A	G	Y	Ă	T
O	S	Ţ	X	T	Ă	N	I	B	L	A	B	R	N	G	A
P	N	Z	X	Q	R	C	A	P	R	Ă	B	I	Ă	A	P
P	K	X	H	K	U	C	U	Ţ	H	A	T	G	Z	R	Ă
I	X	Y	J	Q	T	H	I	F	R	P	F	O	E	O	S
J	I	J	H	Q	L	A	C	C	S	W	M	Z	R	S	N
W	D	S	H	L	U	C	Â	I	N	E	Q	P	O	V	O
U	S	L	G	D	C	X	G	Q	B	P	P	A	E	I	V
P	G	K	Ţ	C	I	Ţ	Q	L	G	K	C	G	J	Ț	D
N	N	C	U	E	R	E	I	M	W	I	V	A	Q	E	X
C	C	O	I	Y	G	Z	Q	F	P	H	V	V	K	L	Z
Ţ	U	L	H	I	A	Z	N	I	E	Ţ	B	N	E	Y	A

ALBINĂ
AGRICULTURĂ
MĂGAR
BIZON
CÂMP
PISICĂ
CAL
CAPRĂ
CÂINE
GARD
CIOARĂ
APĂ
ÎNGRĂŞĂMÂNT
FÂN
MIERE
PUI
OREZ
TURMĂ
VACĂ
VIȚEL

67 - Antarctique

Z	X	E	I	F	A	R	G	O	P	O	T	M	B	O	K
C	O	N	T	I	N	E	N	T	D	S	E	I	A	E	X
G	H	E	Ț	A	R	I	E	Ţ	A	Ă	M	G	L	X	S
G	T	O	F	C	N	L	G	T	D	X	P	R	E	P	T
M	H	M	N	I	R	Ă	S	Ă	P	Z	E	A	N	E	Â
G	C	E	I	F	A	R	G	O	E	G	R	Ț	E	D	N
O	E	L	A	I	Z	C	D	W	Z	K	A	I	K	I	C
L	R	A	V	Ț	V	Ă	O	T	N	Q	T	E	B	Ț	O
F	C	R	R	N	Ă	L	L	N	P	U	U	L	Z	I	S
S	E	E	D	I	B	U	P	F	S	J	R	A	H	E	T
W	T	N	S	I	J	S	D	L	R	E	A	C	Y	U	D
X	Ă	I	Y	T	I	N	S	U	L	E	R	N	F	Ţ	A
P	T	M	X	Ș	F	I	M	Z	H	C	I	V	J	Z	Ţ
C	O	D	H	D	Z	N	T	Y	E	F	J	Ţ	A	N	M
N	R	X	Y	Q	Ţ	E	Ţ	E	X	H	P	U	X	R	N
O	G	V	U	R	Q	P	Ţ	J	M	E	D	I	U	A	E

GOLF
BALENE
CERCETĂTOR
CONSERVARE
CONTINENT
APĂ
MEDIU
EXPEDIȚIE
GEOGRAFIE
GHEAȚĂ
GHEȚARI
INSULE
MIGRAȚIE
MINERALE
PĂSĂRI
PENINSULĂ
STÂNCOS
ȘTIINȚIFIC
TEMPERATURA
TOPOGRAFIE

68 - Professions #2

T	Q	C	E	U	O	Y	X	M	J	S	Z	N	I	U	H
Ţ	S	G	I	L	U	S	T	R	A	T	O	R	D	Q	G
E	O	R	Z	B	A	D	E	N	T	I	S	T	W	G	R
V	R	U	A	S	T	R	O	N	A	U	T	F	H	L	Ă
H	S	R	Z	L	W	F	S	E	B	I	O	L	O	G	D
F	P	I	L	O	T	P	I	C	T	O	R	M	I	U	I
O	F	H	J	Ţ	O	J	Y	R	S	W	R	J	O	N	N
T	I	C	U	Q	R	S	D	E	T	E	C	T	I	V	A
O	L	I	R	O	T	A	T	N	E	V	N	I	E	R	R
G	O	D	N	E	U	E	B	I	G	O	X	K	Q	Y	O
R	Z	E	A	U	H	Y	E	G	A	M	F	C	V	Ţ	S
A	O	M	L	T	D	V	Ţ	N	E	A	I	M	P	Ţ	E
F	F	I	I	B	I	B	L	I	O	T	E	C	A	R	F
E	U	L	S	C	E	R	C	E	T	Ă	T	O	R	S	O
C	A	O	T	S	I	V	G	N	I	L	X	Y	I	B	R
Z	O	O	L	O	G	L	A	C	E	J	G	J	T	M	P

ASTRONAUT
BIBLIOTECAR
BIOLOG
CERCETĂTOR
CHIRURG
DENTIST
DETECTIV
PROFESOR
ILUSTRATOR
INGINER
INVENTATOR
GRĂDINAR
JURNALIST
LINGVIST
MEDIC
PICTOR
FILOZOF
FOTOGRAF
PILOT
ZOOLOG

69 - Les Abeilles

F	V	N	C	C	A	F	V	L	N	L	I	F	I	L	I
K	L	A	B	Y	L	R	R	K	B	K	G	T	Ţ	Z	N
Y	I	O	G	J	I	U	N	D	Z	S	U	W	N	O	S
Z	D	Ţ	R	Ţ	M	C	Q	I	E	Y	P	E	S	I	E
X	I	S	F	I	E	T	Z	H	A	B	I	T	A	T	C
E	V	O	Y	P	N	R	C	C	I	F	E	N	E	B	T
C	E	A	H	I	T	F	E	R	U	C	D	A	N	E	Ă
O	R	R	C	R	E	P	X	I	P	B	W	L	B	E	Q
S	S	E	Z	A	R	O	I	C	M	T	S	P	C	F	X
I	I	V	P	O	M	F	G	B	Ă	N	I	G	E	R	Y
S	T	S	U	Q	P	O	L	E	N	I	Z	A	T	O	R
T	A	S	T	U	P	H	A	O	I	E	C	E	A	R	Ă
E	T	P	T	U	F	Y	B	R	D	K	L	F	U	M	V
M	E	N	Ţ	Q	H	W	B	Z	Ă	J	Z	O	A	B	P
H	Ţ	T	S	F	B	K	H	M	R	C	Y	V	P	R	U
Q	F	Y	M	A	R	M	T	P	G	G	X	O	B	E	X

ARIPI
BENEFIC
CEARĂ
DIVERSITATE
ROI
ECOSISTEM
FLORI
FRUCT
FUM
HABITAT

INSECTĂ
GRĂDINĂ
MIERE
ALIMENTE
PLANTE
POLEN
POLENIZATOR
REGINĂ
STUP
SOARE

70 - Santé et Bien Être #2

A	N	A	T	O	M	I	E	G	R	E	U	T	A	T	E
G	E	N	I	G	A	R	I	J	P	U	S	Ţ	R	V	N
G	H	J	S	E	P	E	Ț	K	Y	C	T	Â	R	T	R
B	M	O	A	N	E	C	I	S	A	G	P	A	N	H	Z
X	L	D	P	E	T	U	R	D	S	T	R	E	S	G	S
I	C	Y	K	T	I	P	T	E	B	O	A	L	A	W	E
S	G	J	E	I	T	E	U	S	O	T	Ă	N	Ă	S	I
M	Y	I	Y	C	A	R	N	H	L	G	H	X	E	Ă	Ţ
A	J	M	E	Ă	W	A	O	I	C	J	S	P	H	N	C
S	R	J	I	N	V	R	J	D	A	L	E	R	G	I	E
A	L	L	A	Q	Ă	E	C	R	L	G	W	O	P	M	F
J	D	T	A	Ţ	T	C	Z	A	E	S	R	C	W	A	N
D	P	O	V	T	J	B	K	T	E	Q	J	C	S	T	I
C	A	L	O	R	I	I	D	A	G	R	B	M	H	I	T
O	X	U	X	K	T	P	I	R	T	D	A	H	N	V	P
W	J	B	Ţ	Q	U	S	S	E	E	N	E	R	G	I	E

ALERGIE
ANATOMIE
APETIT
CALORII
CORP
DESHIDRATARE
ENERGIE
GENETICĂ
SPITAL
IGIENĂ
INFECŢIE
BOALA
MASAJ
NUTRIȚIE
GREUTATE
RECUPERARE
SĂNĂTOS
SÂNGE
STRES
VITAMINĂ

71 - Conduite

D	R	X	Y	F	I	Q	B	U	F	N	W	C	B	Ţ	K
T	R	E	F	J	A	R	A	G	O	O	K	O	D	Y	T
M	S	U	W	W	C	I	F	A	R	T	M	M	F	A	M
Z	P	S	M	F	C	K	E	P	G	E	X	B	N	O	A
W	F	L	O	C	I	R	E	P	K	I	Y	U	K	E	Ș
H	A	R	T	Ă	D	Ă	W	M	W	P	C	S	A	I	I
T	V	S	Ă	Z	E	T	I	V	G	C	I	T	P	Ţ	N
Z	U	Ţ	Ț	M	N	E	N	Â	R	F	L	I	F	U	Ă
D	Q	N	N	W	T	L	I	Z	H	Y	K	B	M	N	S
I	E	U	E	O	X	C	A	T	A	F	W	I	F	I	G
V	O	I	C	L	V	I	T	K	I	L	Z	L	Z	T	E
G	A	Z	I	U	U	C	M	W	J	L	E	E	I	K	Ţ
A	E	Y	L	Z	N	O	I	M	A	C	O	F	T	Z	Ţ
M	O	T	O	R	O	T	L	A	P	I	H	P	U	O	B
X	W	B	L	X	A	O	S	I	G	U	R	A	N	Ț	Ă
W	W	V	S	A	D	M	T	R	A	N	S	P	O	R	T

ACCIDENT
CAMION
COMBUSTIBIL
HARTĂ
PERICOL
FRÂNE
GARAJ
GAZ
LICENȚĂ
MOTOR
MOTOCICLETĂ
PIETON
POLITIE
DRUM
SIGURANȚĂ
TRAFIC
TRANSPORT
TUNEL
VITEZĂ
MAȘINĂ

72 - Plantes

J	E	C	I	A	C	A	H	Ţ	R	D	L	A	B	S	Ţ
I	S	O	A	Ă	L	A	T	E	P	J	H	E	A	Q	M
P	S	P	R	L	F	B	C	Z	J	B	R	T	M	G	Y
T	Ţ	A	B	V	X	Y	G	T	D	S	Ă	N	B	Z	M
P	T	C	Ă	O	J	V	R	S	U	E	D	Â	U	Y	W
F	U	U	C	H	K	K	Ă	S	K	S	Ă	M	S	J	R
P	P	E	A	B	S	I	D	C	G	T	C	Ă	P	C	A
F	T	W	B	V	F	W	I	D	A	V	I	Ş	U	Ţ	E
L	J	E	F	W	Q	R	N	A	T	B	N	Ă	P	Ţ	R
O	G	T	J	L	W	N	Ă	Q	W	Ţ	Ă	R	J	Ţ	U
R	F	Ș	E	L	O	S	A	F	G	Ţ	X	G	Ș	F	D
Ă	R	E	D	E	I	A	B	B	O	T	A	N	I	C	Ă
R	G	R	T	I	Z	E	R	S	D	G	Q	Î	F	R	P
Z	M	C	E	I	Ț	A	T	E	G	E	V	C	U	M	D
M	U	Ș	C	H	I	C	F	R	U	N	Z	E	T	C	E
Q	J	A	X	A	B	P	V	T	X	H	O	I	Ţ	N	O

COPAC
BACĂ
BAMBUS
BOTANICĂ
TUFIȘ
CACTUS
ÎNGRĂȘĂMÂNT
FRUNZE
FLOARE
FLORĂ
PĂDURE
CREȘTE
FASOLE
IARBĂ
GRĂDINĂ
IEDERĂ
MUȘCHI
PETALĂ
RĂDĂCINĂ
VEGETAȚIE

73 - Ferme #2

E	E	Y	Ă	W	F	M	L	A	T	E	G	E	V	M	F
T	R	A	C	T	O	R	A	B	M	A	H	Y	S	I	E
N	A	B	N	D	O	L	P	U	T	S	K	B	Ă	E	R
E	G	Q	U	T	G	W	T	Z	P	A	R	Ţ	D	L	M
M	I	C	L	E	F	R	E	L	A	M	I	N	A	T	I
I	R	Y	B	X	R	M	Â	A	R	S	J	V	V	F	E
L	I	O	Y	Z	U	C	Z	U	O	N	W	B	I	B	R
A	L	H	O	Z	C	Y	Ţ	S	P	H	I	N	L	I	K
B	Ţ	Ţ	O	R	T	C	M	B	C	T	C	Z	Q	R	M
M	B	J	D	C	Z	Ţ	U	J	S	A	Q	Q	R	J	T
F	U	Y	O	B	E	Ţ	E	Ă	Ț	A	R	I	S	C	G
O	O	J	C	H	P	O	R	U	M	B	U	B	M	B	P
B	P	M	S	T	R	Y	B	I	Ţ	A	T	W	R	B	K
G	Z	A	R	U	R	Q	W	J	Y	W	L	W	W	I	S
Z	P	U	U	X	O	G	V	I	S	R	S	R	E	M	L
E	Ţ	V	U	O	A	I	E	P	Ă	S	T	O	R	F	B

MIEL
FERMIER
ANIMALE
PĂSTOR
GRÂU
RAȚĂ
FRUCT
HAMBAR
IRIGARE
LAPTE
LAMĂ
VEGETAL
PORUMB
OAIE
ALIMENTE
ORZ
LUNCĂ
STUP
TRACTOR
LIVADĂ

74 - Vacances #2

V	U	M	V	C	L	I	R	Ă	V	R	E	Z	E	R	J
E	A	B	P	Q	E	N	D	D	Ţ	E	N	G	X	I	R
M	G	C	M	J	W	S	E	F	I	K	D	W	T	G	G
Y	C	M	A	P	Y	U	S	I	N	J	H	Ţ	A	Y	C
Q	L	M	T	N	C	L	T	R	O	P	A	Ș	A	P	J
X	K	R	I	E	Ț	Ă	I	V	Z	E	R	A	S	L	X
B	E	L	Y	R	L	Ă	N	H	Q	C	S	E	B	S	R
H	Y	U	D	T	M	Z	A	T	F	K	X	R	S	T	E
F	R	K	J	O	D	I	Ţ	R	A	D	K	O	T	R	S
O	B	Z	Y	Q	C	V	I	O	E	X	H	P	E	Ă	T
C	A	M	P	I	N	G	E	C	E	N	I	O	M	I	A
H	H	P	A	O	Ţ	Q	C	Q	F	H	Q	R	A	N	U
C	A	T	I	M	P	L	I	B	E	R	O	T	R	P	R
B	R	T	R	A	N	S	P	O	R	T	W	T	E	Q	A
R	T	X	F	C	Ă	L	Ă	T	O	R	I	E	E	C	N
R	Ă	J	A	L	P	V	K	Ţ	S	Ţ	K	W	K	L	T

AEROPORT
CAMPING
HARTĂ
DESTINAŢIE
STRĂIN
HOTEL
INSULĂ
TIMP LIBER
MARE
PAȘAPORT
PLAJĂ
RESTAURANT
REZERVĂRI
TAXI
CORT
TREN
TRANSPORT
VACANȚĂ
VIZĂ
CĂLĂTORIE

75 - Éthique

R	K	E	I	G	P	F	Ţ	O	V	Y	E	O	R	O	R
G	P	F	N	A	L	U	V	U	Ţ	H	R	P	Ă	N	D
L	K	I	D	K	E	C	D	Y	L	E	A	T	B	E	R
P	G	L	I	Q	N	T	I	E	J	M	R	I	D	S	E
G	R	O	V	B	U	N	Ă	T	A	T	E	M	A	T	Z
D	E	Z	I	C	I	V	E	A	A	B	P	I	R	I	O
E	S	O	D	O	C	A	P	T	T	M	O	S	E	T	N
M	P	F	U	M	P	L	U	I	R	S	O	M	Z	A	A
N	E	I	A	P	E	O	L	L	R	I	C	L	U	T	B
I	C	E	L	A	L	R	D	A	Q	L	A	K	P	E	I
T	T	R	I	S	E	I	E	N	J	A	J	I	R	I	L
A	U	X	S	I	Ț	A	P	O	K	E	D	T	B	P	D
T	O	H	M	U	N	M	S	I	U	R	T	L	A	K	N
E	S	Y	A	N	Î	F	Ă	Ț	N	A	R	E	L	O	T
U	X	Ţ	G	E	U	E	T	A	T	I	N	A	M	U	U
Z	A	S	E	T	A	T	I	R	G	E	T	N	I	S	W

ALTRUISM
COMPASIUNE
COOPERARE
DEMNITATE
DIPLOMATIC
BUNĂTATE
ONESTITATE
UMANITATE
INDIVIDUALISM
INTEGRITATE
OPTIMISM
RĂBDARE
FILOZOFIE
REZONABIL
RAȚIONALITATE
RESPECTUOS
REALISM
ÎNȚELEPCIUNE
TOLERANȚĂ
VALORI

76 - Temps

Î	E	Ţ	C	H	Q	D	R	A	D	N	E	L	A	C	M
L	N	A	I	T	V	U	W	D	N	Â	R	U	C	P	K
I	G	A	K	S	A	P	C	F	T	U	N	I	M	D	Y
G	W	E	I	R	Z	Ă	C	E	A	S	A	H	G	E	Ţ
Ă	Ţ	A	E	N	I	M	I	D	C	W	D	L	M	C	V
W	D	K	T	Ţ	T	V	I	I	T	O	R	O	E	E	Ţ
T	P	K	Z	T	P	E	T	P	A	O	N	C	E	N	I
O	S	Z	W	W	Q	F	Ţ	K	Y	U	V	E	Ţ	I	X
A	T	T	Z	I	E	R	I	X	T	Q	B	S	U	U	H
B	M	Y	V	O	O	U	M	T	T	O	E	N	J	P	S
M	U	I	S	Ă	P	T	Ă	M	Â	N	Ă	M	P	O	A
M	C	D	A	C	A	G	V	Y	A	G	V	P	D	V	Z
T	A	I	Y	Z	G	I	D	B	X	N	O	B	D	O	Y
E	S	Ţ	B	T	Ă	N	U	L	R	J	V	H	V	M	R
L	M	Z	K	N	X	V	Y	V	G	U	Ţ	V	I	R	S
O	R	Ă	V	D	G	Ţ	L	W	H	Y	N	B	R	X	V

AN
ANUAL
DUPĂ
ÎNAINTE
CURÂND
CALENDAR
DECENIU
VIITOR
ORĂ
IERI
CEAS
ZI
ACUM
DIMINEAŢĂ
AMIAZĂ
MINUT
LUNĂ
NOAPTE
SĂPTĂMÂNĂ
SECOL

77 - Maison

B	H	Ţ	S	M	U	Ţ	Ţ	J	I	W	T	U	H	T	I
I	T	W	J	A	R	A	G	X	J	C	F	U	S	G	Y
N	D	C	Q	N	Y	A	C	O	P	E	R	I	Ș	X	K
N	P	V	N	S	L	M	B	M	O	X	K	Ă	Q	Ţ	B
J	F	E	T	A	B	P	B	L	X	W	R	C	G	I	L
O	U	Ă	S	R	U	V	V	N	J	D	S	E	H	W	H
G	A	R	D	D	C	S	Z	N	I	U	P	T	S	Q	S
U	O	T	S	Ă	Ă	P	M	A	L	Ș	C	O	V	O	R
Ș	V	A	X	X	T	R	Y	V	Ţ	O	I	I	E	H	C
Ă	N	V	J	N	Ă	X	U	A	W	D	B	L	C	Y	T
O	X	L	G	I	R	Z	F	T	U	L	J	B	J	N	P
A	K	X	B	U	I	Y	B	B	Ă	D	N	I	L	G	O
N	O	E	E	W	E	S	E	Y	C	M	C	B	C	D	U
G	Z	F	E	R	E	A	S	T	R	Ă	R	E	M	A	C
Q	P	E	R	E	T	E	G	R	Ă	D	I	N	Ă	I	A
A	C	P	E	R	D	E	L	E	U	M	A	L	A	M	N

MĂTURĂ
BIBLIOTECĂ
CAMERĂ
VATRĂ
CHEI
GARD
BUCĂTĂRIE
DUȘ
FEREASTRĂ
GARAJ
MANSARDĂ
GRĂDINĂ
LAMPĂ
OGLINDĂ
PERETE
TAVAN
UȘĂ
PERDELE
COVOR
ACOPERIȘ

78 - Légumes

S	B	H	Z	C	C	Y	R	G	C	E	L	T	O	L	Z
Q	A	B	I	W	Z	S	T	H	I	J	C	J	I	Z	I
D	M	L	Y	L	I	P	F	I	U	D	H	E	Q	K	F
R	O	E	A	M	N	A	X	M	P	M	A	Z	Ă	R	E
W	R	J	U	T	J	N	R	B	E	N	A	P	P	U	H
C	C	N	S	A	Ă	A	I	I	R	L	Q	I	A	F	F
A	O	U	T	Ă	T	C	D	R	C	F	S	I	E	T	V
S	V	R	U	N	O	I	I	B	Ă	A	K	O	C	A	X
T	C	T	R	I	L	O	C	C	O	R	B	K	B	X	U
R	H	Ă	O	L	A	C	H	C	W	X	X	R	G	O	S
A	T	P	I	S	Ș	G	E	R	A	N	I	H	G	N	A
V	V	Â	N	Ă	T	Ă	N	I	L	E	Ț	F	S	S	R
E	F	Q	D	M	W	Q	F	I	X	X	L	A	G	N	O
T	Z	Z	E	S	S	V	P	E	V	T	Z	V	Q	Q	Ș
E	I	X	S	F	A	N	N	R	T	N	H	L	O	Q	I
F	C	P	C	P	Q	R	D	B	B	G	W	L	V	D	E

USTUROI
ANGHINARE
VÂNĂTĂ
BROCCOLI
MORCOV
ȚELINĂ
CIUPERCĂ
DOVLEAC
CASTRAVETE
ȘALOTĂ
SPANAC
GHIMBIR
NAP
CEAPĂ
MĂSLINĂ
PĂTRUNJEL
MAZĂRE
RIDICHE
SALATĂ
ROȘIE

79 - Famille

B	U	N	I	C	A	C	I	I	F	S	L	Ţ	Ţ	H	O
F	R	A	T	E	B	L	W	A	H	T	O	P	E	N	L
E	K	Ă	D	I	K	U	V	X	G	R	K	F	W	Z	T
E	E	A	V	R	I	Ț	N	I	T	Ă	Ş	U	T	Ă	M
P	I	B	E	Ă	F	O	R	I	M	M	W	Ţ	F	S	Z
T	B	A	H	L	E	S	E	H	C	O	P	G	T	G	P
G	R	Ţ	X	I	T	G	T	C	Y	Ș	R	B	Ţ	F	U
N	K	L	Z	P	F	Q	A	N	W	M	E	K	N	C	Y
R	E	I	Ț	O	S	E	M	U	O	N	F	P	A	K	F
E	C	P	H	C	Y	Q	X	H	D	O	K	I	D	A	B
T	C	O	O	F	X	P	I	P	N	T	Ţ	U	W	P	J
A	F	C	V	A	X	B	O	R	Z	V	L	B	C	H	Q
P	V	J	B	R	T	N	H	Y	C	V	V	M	A	M	Ă
K	I	I	P	O	C	Ă	T	A	T	Ă	J	U	V	Z	L
O	V	R	Ţ	S	B	E	T	P	Y	P	O	C	P	S	U
A	Z	S	V	T	H	D	O	L	I	M	R	J	M	E	M

STRĂMOȘ
VĂR
COPILĂRIE
COPIL
COPII
SOȚIE
FIICA
FRATE
BUNICA
BUNIC
SOȚUL
MATERN
MAMĂ
NEPOT
NEPOATĂ
UNCHI
PATERN
TATĂ
SORA
MĂTUŞĂ

80 - Oiseaux

C	L	R	Q	F	G	J	I	J	R	E	U	W	Ţ	M	E
M	E	V	E	L	P	N	X	H	D	U	O	G	D	Y	I
B	Ă	Z	R	A	B	C	P	R	W	J	C	P	N	D	Y
B	K	H	A	M	P	Ș	U	R	Ă	C	S	E	P	S	A
J	F	D	Ț	I	L	O	I	C	L	P	Ă	U	N	E	V
B	Y	L	Ă	N	U	N	P	Y	Q	E	J	X	E	F	U
F	M	J	R	G	A	W	O	N	V	I	B	K	K	Z	L
G	O	G	A	O	S	D	R	S	P	B	D	Ă	Ţ	Ţ	T
Ţ	Ţ	P	O	K	A	J	U	O	T	A	N	G	D	I	U
X	D	R	I	Q	C	D	M	M	T	R	I	A	Q	Ă	R
W	N	A	C	U	O	T	B	O	R	V	U	N	F	B	S
P	P	P	R	K	Y	J	E	S	F	Ţ	G	Ț	N	Y	U
G	J	D	Â	B	E	U	L	D	J	H	N	P	T	T	R
D	G	D	T	P	A	P	A	G	A	L	I	N	S	O	E
L	U	Z	S	P	E	L	I	C	A	N	P	M	C	E	Q
Q	K	P	E	V	U	F	F	R	S	K	G	Â	S	C	Ă

VULTUR
STRUȚ
RAȚĂ
BARZĂ
PORUMBEL
CIOARĂ
CUC
LEBĂDĂ
FLAMINGO
STÂRC
PINGUIN
VRABIE
PESCĂRUȘ
OU
GÂSCĂ
PĂUN
PAPAGAL
PELICAN
PUI
TOUCAN

81 - Disciplines Scientifiques

P	T	A	I	R	Q	Y	Z	E	I	M	O	T	A	N	A
S	E	U	A	I	N	D	Y	I	C	Y	Ţ	R	N	H	Q
I	R	L	C	X	Y	Ţ	R	M	N	O	Y	X	B	T	V
H	M	B	E	Y	K	N	E	I	G	O	L	O	O	Z	U
O	O	I	E	Ă	O	P	T	H	T	R	A	O	A	Y	T
L	D	O	I	C	E	K	N	C	N	D	P	E	G	L	O
O	I	L	M	I	N	E	R	A	L	O	G	I	E	I	A
G	N	O	O	T	B	G	E	O	L	O	G	I	E	O	E
I	A	G	N	S	E	I	G	O	L	O	I	C	O	S	B
E	M	I	O	I	E	M	O	W	L	W	W	H	K	Q	O
I	I	E	R	V	B	Q	A	C	I	N	A	C	E	M	T
J	C	D	T	G	Y	C	F	Ţ	H	M	A	X	W	H	A
V	Ă	U	S	N	S	U	V	Y	W	I	O	M	Ţ	X	N
E	N	P	A	I	S	T	U	M	T	K	M	Q	O	Q	I
E	I	G	O	L	O	I	Z	I	F	H	Ţ	I	L	M	C
M	E	T	E	O	R	O	L	O	G	I	E	J	E	X	Ă

ANATOMIE
ASTRONOMIE
BIOCHIMIE
BIOLOGIE
BOTANICĂ
CHIMIE
ECOLOGIE
GEOLOGIE
LINGVISTICĂ
MECANICA
METEOROLOGIE
MINERALOGIE
FIZIOLOGIE
PSIHOLOGIE
SOCIOLOGIE
TERMODINAMICĂ
ZOOLOGIE

82 - Maladie

A	B	T	D	F	F	S	H	P	Ţ	D	O	E	D	O	S
C	B	G	O	Ţ	P	F	F	L	U	C	X	F	O	M	I
Q	C	D	T	E	R	A	P	I	E	L	U	Y	V	Ţ	N
U	J	F	O	F	O	G	G	A	N	D	M	C	N	R	D
U	B	V	X	M	I	C	E	G	E	K	P	O	S	I	R
L	G	X	O	T	I	I	R	I	T	A	R	E	N	D	O
C	O	Z	A	U	G	N	R	B	A	U	G	A	A	A	M
I	O	G	S	F	R	O	A	A	T	J	Q	F	G	I	R
T	W	N	E	U	E	R	B	L	Ă	C	O	R	P	P	A
E	V	L	T	H	L	C	M	N	N	E	D	P	O	Q	T
N	I	R	T	A	A	G	O	H	Ă	M	K	U	L	A	I
E	N	U	K	C	G	U	L	L	S	H	C	E	H	Q	D
G	I	L	I	A	L	I	I	M	U	N	I	T	A	T	E
K	M	S	Q	I	I	R	O	T	A	R	I	P	S	E	R
Y	Ă	H	R	E	R	A	T	S	A	N	U	B	M	V	E
S	L	A	B	V	N	E	U	R	O	P	A	T	I	E	H

ABDOMINAL
ALERGII
BUNASTARE
CRONIC
CONTAGIOS
CORP
INIMĂ
SLAB
GENETIC
EREDITAR
IMUNITATE
IRITARE
LOMBAR
NEUROPATIE
OASE
PULMONAR
RESPIRATORII
SĂNĂTATE
SINDROM
TERAPIE

83 - Émotions

Ă	Z	I	R	P	R	U	S	M	J	Q	Z	T	H	S	P
T	E	T	E	I	R	U	C	U	B	E	C	A	P	I	L
F	X	R	L	X	O	S	D	L	Ţ	L	N	X	R	M	I
B	C	I	I	P	T	V	A	R	C	P	R	A	S	P	C
U	I	S	E	H	Ă	O	L	T	A	L	P	L	T	A	T
N	T	T	F	Ă	C	I	R	F	I	G	M	E	O	T	I
Ă	A	E	U	Ţ	S	Y	R	Ţ	I	S	O	R	Y	I	S
T	T	Ț	W	I	O	P	B	W	G	Z	F	S	B	E	E
A	O	E	D	N	N	F	U	R	I	E	K	Ă	T	F	A
T	P	R	U	G	U	C	Z	S	G	O	G	V	C	E	L
E	W	Z	V	G	C	E	C	A	L	M	Ţ	G	X	U	Ă
X	X	R	I	K	E	T	Ș	I	N	I	L	R	P	A	T
X	I	W	I	N	R	C	O	N	Ţ	I	N	U	T	R	J
N	C	D	S	G	I	L	D	R	H	T	F	P	E	R	D
S	E	N	S	I	B	I	L	I	T	A	T	E	F	T	J
I	Q	Ţ	P	J	Q	X	Z	X	M	L	E	Ţ	O	E	Y

DRAGOSTE
CALM
FURIE
CONŢINUT
RELAXAT
JENAT
PLICTISEALĂ
EXCITAT
BUNĂTATE
BUCURIE
PACE
FRICĂ
RECUNOSCĂTOR
RELIEF
SATISFĂCUT
SURPRIZĂ
SIMPATIE
SENSIBILITATE
LINIȘTE
TRISTEȚE

84 - Univers

U	A	O	Î	N	T	U	N	E	R	I	C	C	B	T	S
O	S	R	L	O	N	G	I	T	U	D	I	N	E	E	O
Ă	T	I	B	R	O	Z	A	Y	Ă	B	R	U	B	L	L
I	E	Z	E	M	I	S	F	E	R	Ă	H	X	H	E	A
Y	R	O	T	A	U	C	E	I	E	K	V	Q	I	S	R
L	O	N	U	G	Q	A	N	M	F	A	U	D	O	C	U
K	I	T	F	P	W	I	L	O	S	C	I	M	S	O	C
L	D	B	E	U	O	D	A	N	O	L	Ț	O	H	P	Y
Y	G	A	I	U	M	O	T	O	M	Z	I	N	Ţ	N	A
J	T	Y	X	Z	Y	Z	I	R	T	A	T	O	I	E	L
L	U	N	A	C	I	I	T	T	A	G	S	R	J	P	U
U	X	F	L	I	F	V	U	S	J	G	L	T	C	E	R
V	E	C	A	C	G	L	D	A	T	W	O	S	I	E	U
F	D	C	G	N	T	Ţ	I	M	Y	U	S	A	Y	J	S
D	N	J	K	L	F	J	N	O	E	H	B	G	K	H	X
F	J	T	L	Q	K	K	E	Y	H	R	T	F	Y	K	Y

ASTEROID
ASTRONOM
ASTRONOMIE
ATMOSFERĂ
CER
COSMIC
ECUATOR
GALAXIE
EMISFERĂ
ORIZONT
LATITUDINE
LONGITUDINE
LUNA
ÎNTUNERIC
ORBITĂ
SOLAR
SOLSTIȚIU
TELESCOP
VIZIBIL
ZODIAC

85 - Géographie

N	M	Y	V	B	S	Y	E	C	L	J	X	C	B	D	E
O	E	Ţ	A	M	B	Ț	G	J	C	G	H	A	Q	H	M
R	R	E	F	J	F	D	A	O	C	I	P	I	Q	A	I
D	I	W	W	U	J	U	I	R	O	T	I	R	E	T	S
C	D	A	J	Q	D	S	G	N	Ă	S	T	P	R	Y	F
O	I	I	E	C	Ș	A	R	O	T	E	O	O	A	M	E
N	A	C	V	F	Z	L	L	E	R	V	S	J	M	Q	R
T	N	W	F	K	G	T	G	N	A	Q	W	M	B	Q	Ă
I	W	A	Y	Y	J	A	L	I	H	D	I	R	Z	J	G
N	A	O	Z	K	Ţ	Ţ	N	D	R	E	G	I	U	N	E
E	M	U	L	P	M	Y	C	U	S	L	W	X	Â	D	Q
N	X	O	G	Y	Ţ	U	J	T	T	O	J	U	R	M	B
T	T	M	C	S	T	E	N	I	D	U	T	I	T	L	A
H	R	L	F	E	N	B	U	T	C	I	Q	R	T	Q	S
E	Ţ	X	I	J	A	G	C	A	E	K	F	H	K	W	E
I	N	S	U	L	Ă	N	D	L	B	E	E	A	G	Q	Z

ALTITUDINE
ATLAS
HARTĂ
CONTINENT
RÂU
EMISFERĂ
INSULĂ
LATITUDINE
MARE
MERIDIAN
LUME
MUNTE
NORD
OCEAN
VEST
ȚARĂ
REGIUNE
SUD
TERITORIU
ORAȘ

86 - Bâtiments

O	B	G	B	R	O	G	Ţ	L	E	T	O	H	S	A	U
B	W	V	M	E	Z	N	A	A	L	K	S	F	U	M	N
S	C	Ş	K	T	B	R	H	B	Y	Ţ	B	X	P	B	I
E	V	C	A	G	O	A	K	O	A	E	R	E	E	A	V
R	X	O	M	U	Z	E	U	R	T	A	E	T	R	S	E
V	S	A	M	E	N	I	C	A	C	W	G	A	M	A	R
A	A	L	E	T	S	A	C	T	R	O	C	P	A	D	S
T	I	Ă	A	G	H	L	L	O	O	D	O	A	R	Ă	I
O	N	W	D	T	A	A	P	R	D	A	Q	R	K	N	T
R	Y	O	F	S	I	R	M	F	I	H	I	T	E	I	A
T	U	R	N	T	K	P	A	B	B	F	R	A	T	B	T
W	R	J	P	A	Q	J	S	J	A	Y	I	M	P	A	E
R	F	M	M	D	C	P	L	Z	G	R	T	E	X	C	U
A	P	J	B	I	F	A	B	R	I	C	Ă	N	T	H	Q
V	E	I	D	O	K	E	L	C	C	A	C	T	K	D	G
Z	J	V	G	N	D	L	Y	E	U	J	O	Q	W	W	I

AMBASADĂ
APARTAMENT
CABINĂ
CASTEL
CINEMA
ŞCOALĂ
GARAJ
HAMBAR
SPITAL
HOTEL
LABORATOR
MUZEU
OBSERVATOR
STADION
SUPERMARKET
CORT
TEATRU
TURN
UNIVERSITATE
FABRICĂ

87 - Activités et Loisirs

M	O	N	R	B	E	R	F	X	U	V	C	Q	U	W	G
G	X	O	Ţ	R	S	L	A	B	T	O	F	C	Z	M	R
G	J	E	G	N	I	F	R	U	S	E	H	W	C	Ţ	Ă
R	R	Ţ	T	I	R	U	T	Ă	R	Ă	P	M	U	C	D
T	O	N	Î	A	D	Q	Ă	F	D	E	Q	Z	C	R	I
B	E	W	S	X	T	C	X	V	E	Z	Ţ	U	A	E	N
C	A	N	P	S	T	E	H	C	S	A	B	V	M	L	Ă
Ă	Y	S	I	I	Ț	E	M	U	R	D	T	C	P	A	R
L	T	A	E	S	C	E	Ţ	X	U	G	N	F	I	X	I
Ă	J	O	L	B	Ţ	T	I	U	C	S	E	P	N	A	T
T	G	N	O	L	A	E	U	B	O	X	Q	N	G	N	T
O	W	P	V	Y	G	L	H	R	T	I	C	Y	G	T	W
R	Q	Ţ	F	M	O	K	L	U	A	Ţ	B	M	G	E	R
I	F	Y	E	S	L	S	C	U	F	U	N	D	Ă	R	I
E	V	R	Ţ	T	F	F	S	E	C	Ţ	Y	E	N	Q	T
Y	K	A	N	Z	B	K	B	U	Ţ	X	J	Z	Q	K	L

CUMPĂRĂTURI
ARTĂ
BASEBALL
BASCHET
BOX
CAMPING
CURSE
FOTBAL
GOLF
GRĂDINĂRIT

ÎNOT
PICTURA
PESCUIT
SCUFUNDĂRI
DRUMEȚII
RELAXANT
SURFING
TENIS
VOLEI
CĂLĂTORIE

88 - Livres

P	A	P	Q	F	L	I	Y	E	I	Ț	C	E	L	O	C
L	L	O	P	J	E	N	H	I	T	W	J	P	Q	P	Z
I	V	K	O	R	K	V	C	N	F	S	D	I	T	J	G
N	Ă	V	E	A	Ă	E	J	O	X	C	E	C	S	W	M
D	N	A	M	O	R	N	J	W	N	Q	I	V	M	R	S
E	I	N	J	D	U	T	I	Y	Y	T	Z	I	O	Q	E
U	G	F	R	O	T	I	T	I	C	W	E	J	W	P	R
M	A	H	A	S	N	V	O	S	I	Z	O	X	L	D	I
O	P	L	R	T	E	S	U	T	G	J	P	W	T	D	E
R	Z	B	E	W	V	N	R	O	A	U	T	O	R	N	X
K	J	T	T	G	A	Y	J	R	R	L	M	R	O	R	S
C	W	H	I	M	A	U	J	I	T	Q	S	G	T	V	Ț
K	W	D	L	F	T	E	V	C	B	P	B	X	A	C	P
D	U	A	L	I	T	A	T	E	R	E	Ț	C	R	Ț	G
Z	T	K	S	A	F	D	L	O	X	D	Y	U	A	X	B
R	E	L	E	V	A	N	T	E	G	R	Ț	J	N	A	M

AUTOR
AVENTURĂ
COLECȚIE
CONTEXT
DUALITATE
EPIC
POVESTE
ISTORIC
PLIN DE UMOR
INVENTIV
CITITOR
LITERAR
NARATOR
PAGINĂ
RELEVANT
POEM
POEZIE
ROMAN
SERIE
TRAGIC

89 - Pays #2

D	D	W	B	F	N	J	L	R	H	J	E	A	A	W	P
A	O	K	N	H	J	R	U	I	K	U	Z	I	I	H	A
N	X	H	S	M	M	M	D	K	B	P	E	L	Z	G	K
E	U	R	O	A	N	I	H	C	Ţ	A	Y	N	E	K	I
M	W	R	V	L	A	P	R	I	Q	I	N	A	N	U	S
A	H	D	Ţ	B	U	M	Y	X	N	L	R	D	O	C	T
R	F	Z	Y	A	Y	G	Q	E	J	A	C	U	D	R	A
C	I	O	P	N	X	T	A	M	Z	M	G	S	N	A	N
A	P	W	R	I	V	Y	J	N	K	O	A	O	I	I	T
J	S	G	Ţ	A	I	R	I	S	D	S	O	A	L	N	F
X	A	C	I	A	M	A	J	G	A	A	L	L	Ţ	A	J
K	Ţ	P	J	O	D	A	Y	Y	Y	K	P	V	F	O	J
S	N	D	O	T	A	X	S	F	V	Z	N	O	B	G	R
E	A	P	I	N	S	Y	I	R	L	A	N	D	A	Y	R
U	R	Y	F	H	I	T	I	A	H	Z	C	V	B	Y	G
B	F	P	V	P	Ţ	A	I	S	U	R	K	L	Y	R	Y

ALBANIA
CHINA
DANEMARCA
FRANŢA
HAITI
INDONEZIA
IRLANDA
JAMAICA
JAPONIA
KENYA
LAOS
LIBAN
MEXIC
UGANDA
PAKISTAN
RUSIA
SOMALIA
SUDAN
SIRIA
UCRAINA

90 - Fournitures d'Art

B	S	W	C	Y	D	V	C	L	K	J	U	B	S	H	Ș
P	P	V	R	M	B	P	Q	O	P	R	I	Ţ	W	Â	E
C	C	R	E	M	I	O	D	Y	Z	T	W	P	J	R	V
Q	R	P	D	P	U	Y	L	Q	H	X	J	Z	N	T	A
A	E	C	A	A	P	A	R	A	T	F	O	T	O	I	L
C	A	Ă	G	S	I	K	Z	K	U	F	B	F	L	E	E
U	T	R	V	W	T	D	E	F	L	N	N	T	C	N	T
A	I	B	D	J	T	E	E	C	U	L	O	R	I	A	T
R	V	U	U	W	C	I	L	I	R	C	A	T	G	O	A
E	I	N	U	A	C	S	U	U	Ă	P	A	S	N	I	B
L	T	E	Y	J	S	K	V	L	R	P	Y	S	K	E	E
E	A	L	I	P	I	C	I	H	E	I	B	X	K	R	L
A	T	D	P	F	R	Q	M	O	I	I	I	J	J	C	K
G	E	M	D	P	G	P	J	E	D	R	L	Y	T	V	F
W	F	G	E	R	J	U	Ă	L	A	E	N	R	E	C	P
J	J	L	V	P	Z	R	M	Z	R	P	Z	A	Q	W	H

ACRILIC
ACUARELE
LUT
PERII
APARAT FOTO
SCAUN
CĂRBUNE
ȘEVALET
LIPICI
CULORI
CREIOANE
CREATIVITATE
APĂ
CERNEALĂ
RADIERĂ
ULEI
IDEI
HÂRTIE
PASTELURI
TABEL

91 - Eau

M	K	E	O	N	A	M	L	D	U	E	D	I	R	D	L
Ţ	U	Q	J	Q	M	Z	L	A	R	U	S	R	S	Q	T
K	Ţ	S	F	N	N	A	K	T	A	U	Z	I	X	R	A
I	I	U	O	T	A	L	T	B	G	R	Ă	G	B	W	O
C	U	A	F	N	A	E	C	O	A	Â	P	A	W	X	T
A	A	S	F	T	R	Q	G	Z	N	U	A	R	H	Ţ	I
L	G	N	O	S	U	V	I	K	T	L	D	E	E	Q	A
U	E	R	A	R	O	P	A	V	E	K	Ă	R	Ț	C	B
N	U	Q	P	L	M	N	B	P	L	O	A	I	E	U	U
A	I	A	Q	C	N	B	E	U	X	F	N	I	H	R	R
D	Z	C	V	J	U	N	T	M	L	R	O	V	G	E	C
V	A	L	U	R	I	H	F	E	C	S	U	U	N	N	J
G	H	E	A	Ț	Ă	J	D	D	N	D	S	D	Î	T	T
G	H	E	I	Z	E	R	H	E	D	P	Ţ	Y	S	L	P
I	N	U	N	D	A	Ț	I	I	U	U	F	M	P	R	Ţ
U	M	I	D	I	T	A	T	E	Q	M	Ș	C	B	J	Y

CANAL
DUȘ
EVAPORARE
RÂU
CURENT
ÎNGHEȚ
GHEIZER
GHEAȚĂ
UMEDE
UMIDITATE
INUNDAȚII
IRIGARE
LAC
MUSON
ZĂPADĂ
OCEAN
URAGAN
PLOAIE
VALURI
ABUR

92 - Jazz

K	I	D	G	J	Q	R	Ţ	Q	I	M	M	W	K	N	F
R	M	O	K	K	M	W	I	H	C	E	V	C	Q	Z	A
B	P	N	M	R	V	U	A	T	N	E	L	A	T	G	V
J	C	C	E	L	E	B	R	U	M	Ţ	Ţ	I	F	C	O
L	Z	V	P	G	K	A	E	B	H	L	X	C	G	Z	R
A	L	B	U	M	C	O	M	P	O	Z	I	Ţ	I	E	I
C	I	Z	U	Ţ	V	X	F	M	F	D	X	Z	E	K	T
O	T	S	I	T	R	A	D	Ţ	D	J	T	Ţ	Y	N	E
N	S	O	I	M	P	R	O	V	I	Z	A	Ţ	I	E	J
C	Y	L	B	H	A	F	U	L	D	H	U	G	B	L	Y
E	L	O	W	E	C	F	R	W	Y	K	M	R	J	Z	I
R	X	S	H	G	Â	N	O	U	T	B	V	J	U	E	L
T	C	I	C	P	N	T	E	H	N	I	C	Ă	L	M	F
N	G	O	R	O	T	I	Z	O	P	M	O	C	P	B	M
D	Y	Z	K	A	E	O	R	C	H	E	S	T	R	Ă	U
P	D	M	N	Ă	C	I	Z	U	M	O	F	Y	T	Z	X

ALBUM
ARTIST
CELEBRU
CÂNTEC
COMPOZITOR
COMPOZIŢIE
CONCERT
FAVORITE
GEN
IMPROVIZAŢIE
MUZICĂ
NOU
ORCHESTRĂ
RITM
SOLO
STIL
TALENT
TOBE
TEHNICĂ
VECHI

93 - Paysages

G	G	G	S	S	B	K	P	I	D	X	P	A	E	D	O
H	X	Z	S	E	F	E	E	L	X	W	K	D	P	G	I
E	W	V	F	B	Y	S	Ș	F	Ţ	Q	T	P	W	V	X
Ț	V	A	L	E	N	T	T	R	E	Ș	E	D	T	E	Z
A	N	Y	V	F	O	U	E	V	B	G	L	T	P	C	E
R	Ă	S	R	D	A	A	R	U	Ă	A	E	P	C	A	L
H	L	V	N	C	Z	R	Ă	L	R	L	E	S	O	S	B
M	U	N	T	E	Ă	F	D	C	D	Â	J	D	C	C	Q
I	S	N	B	R	X	V	V	A	N	U	U	E	A	A	E
D	N	N	Y	A	T	O	J	N	U	S	R	A	I	D	O
L	I	S	P	M	X	Ţ	W	V	T	H	V	L	S	Ă	I
I	N	N	U	G	H	E	I	Z	E	R	O	C	B	J	W
K	E	T	A	L	N	K	Ţ	B	P	Ţ	H	C	E	A	N
Y	P	D	W	C	Ă	N	I	T	Ș	A	L	M	R	L	B
A	E	T	C	V	H	V	W	I	Y	O	C	A	G	P	T
B	U	G	Q	W	J	E	L	J	Q	G	R	Q	Y	B	G

CASCADĂ
DEAL
DEȘERT
ESTUAR
RÂU
GHEIZER
GHEȚAR
PEȘTERĂ
AISBERG
INSULĂ
LAC
MLAȘTINĂ
MARE
MUNTE
OAZĂ
PENINSULĂ
PLAJĂ
TUNDRĂ
VALE
VULCAN

94 - Pays #1

T	I	W	Z	M	A	L	I	B	J	N	T	E	D	A	P
S	S	K	A	N	Ţ	I	F	F	N	Ţ	K	C	X	V	Q
P	T	P	I	J	S	T	G	M	X	A	U	U	G	E	R
A	I	N	O	L	O	P	R	E	A	L	Ţ	A	E	N	Ţ
N	F	I	L	I	P	I	N	E	V	Ţ	N	D	R	E	N
I	M	E	R	O	M	A	E	N	G	R	V	O	M	Z	I
A	A	F	G	A	N	I	S	T	A	N	O	R	A	U	C
I	N	R	X	D	E	L	M	N	I	N	V	N	N	E	A
N	I	K	U	N	J	I	A	H	D	W	E	P	I	L	R
Â	T	C	M	A	P	Z	C	S	N	L	N	M	A	A	A
M	N	O	A	L	E	A	R	S	I	Y	Y	D	I	O	G
O	E	R	F	N	O	R	N	O	J	C	K	E	B	V	U
R	G	A	K	I	A	B	Ţ	A	A	H	E	T	I	C	A
Y	R	M	Z	F	D	D	G	Ţ	M	J	M	W	L	I	N
E	A	F	F	C	Q	J	A	K	X	A	F	B	X	L	R
G	L	H	B	T	G	M	D	Y	U	O	D	J	G	S	L

AFGANISTAN
GERMANIA
ARGENTINA
BRAZILIA
CANADA
SPANIA
ECUADOR
FINLANDA
INDIA
ISRAEL
LIBIA
MALI
MAROC
NICARAGUA
NORVEGIA
PANAMA
FILIPINE
POLONIA
ROMÂNIA
VENEZUELA

95 - Nombres

Y	K	N	D	C	I	N	C	I	Z	T	J	R	Ţ	N	Ș
D	N	I	F	O	X	T	Z	E	C	I	M	A	L	O	A
Z	E	E	P	O	U	E	L	L	V	X	M	K	I	U	P
N	D	L	J	M	E	Ă	V	H	Ţ	O	I	Y	R	Ă	T
B	O	C	Y	E	C	E	Z	Y	A	Z	A	O	F	S	E
N	O	P	J	S	E	C	J	E	E	M	E	P	M	P	S
X	O	D	E	A	Z	R	T	U	C	Y	C	T	H	R	P
K	J	Q	M	Ș	E	V	C	R	E	I	E	S	Ș	E	R
N	O	U	Ă	U	R	T	A	P	Z	K	Z	P	A	Z	E
T	R	E	I	S	P	R	E	Z	E	C	E	R	P	E	Z
O	Q	L	E	O	S	X	N	Z	R	J	R	E	T	C	E
Z	P	Ţ	R	U	I	W	Ţ	G	P	W	P	Z	E	E	C
V	E	T	T	B	C	O	B	H	S	O	S	E	R	V	E
M	S	R	B	A	N	A	I	E	I	C	I	C	D	V	S
K	B	I	O	K	I	B	D	U	O	Y	A	E	K	N	W
I	J	S	H	Z	C	Ţ	R	L	D	G	P	D	O	I	S

CINCI
DOI
ZECIMAL
ZECE
OPTSPREZECE
NOUĂSPREZECE
ȘAPTESPREZECE
DOISPREZECE
OPT
NOUĂ
PAISPREZECE
PATRU
CINCISPREZECE
ȘAPTE
ȘASE
TREISPREZECE
TREI
DOUĂZECI
ZERO

96 - Psychologie

E	Q	M	Z	Z	P	P	C	P	D	Z	I	B	S	U	O
I	G	U	R	E	I	R	Ă	L	I	P	O	C	E	F	E
P	E	O	I	I	Ț	O	M	E	I	E	D	I	N	Ţ	D
A	R	H	A	T	Y	B	X	E	N	N	P	E	Z	B	S
R	A	O	T	C	I	L	F	N	O	C	I	S	A	R	H
E	U	T	G	I	Ţ	E	S	I	V	I	A	C	Ţ	E	G
T	L	J	J	R	Y	M	G	T	J	Z	A	K	I	A	Â
N	A	Z	W	F	A	Ă	H	Y	L	S	O	K	E	L	N
I	V	D	S	U	A	M	C	H	M	L	Y	N	I	I	D
U	E	O	P	B	B	G	A	B	U	Q	J	I	Ţ	T	U
X	P	A	E	Ț	N	E	I	R	E	P	X	E	P	A	R
J	M	W	Z	B	V	L	O	Q	E	A	J	C	E	T	I
C	O	M	P	O	R	T	A	M	E	N	T	T	C	E	Y
S	U	B	C	O	N	Ș	T	I	E	N	T	N	R	P	N
T	I	N	C	O	N	Ş	T	I	E	N	T	V	E	L	Ţ
P	E	R	S	O	N	A	L	I	T	A	T	E	P	V	F

CLINIC
COMPORTAMENT
CONFLICT
EGO
COPILĂRIE
EXPERIENȚE
EMOȚII
EVALUARE
IDEI
INCONŞTIENT
GÂNDURI
PERCEPŢIE
PERSONALITATE
PROBLEMĂ
PROGRAMARE
REALITATE
VISE
SENZAŢIE
SUBCONȘTIENT
TERAPIE

97 - Nature

P	I	X	D	C	F	R	U	N	Z	E	U	O	S	R	M
S	B	R	Â	U	G	U	R	E	D	T	S	J	A	O	P
E	O	I	F	S	I	Ă	Ţ	N	I	E	Y	Ţ	D	C	W
S	D	K	S	A	N	C	T	U	A	R	N	R	Ă	N	A
B	Ă	Q	G	J	I	I	R	I	T	A	O	K	P	V	L
E	K	L	F	I	N	N	E	Z	A	Ț	K	N	O	N	B
P	Ţ	A	B	K	E	Ș	Ș	O	N	E	Ţ	C	S	J	I
D	L	T	X	A	S	A	E	R	I	H	R	J	T	P	N
I	Z	I	N	J	T	P	D	E	M	G	R	U	U	F	E
N	K	V	C	S	C	I	C	X	A	Y	O	M	D	Z	T
A	F	W	I	D	O	D	C	Z	L	Ă	N	J	L	Ă	V
M	C	O	T	Y	X	X	J	I	E	Ț	B	B	M	J	P
I	J	X	C	T	R	O	P	I	C	A	L	J	A	V	C
C	Y	F	R	U	M	U	S	E	Ț	E	J	U	P	F	I
W	Ţ	B	A	N	Q	H	W	W	A	C	H	M	L	N	B
N	P	E	Z	Q	L	S	J	I	E	K	O	N	F	S	W

ALBINE
ADĂPOST
ANIMALE
ARCTIC
FRUMUSEȚE
CEAȚĂ
DEȘERT
DINAMIC
EROZIUNE
FRUNZE
RÂU
PĂDURE
GHEȚAR
NORI
PAȘNICĂ
SANCTUAR
SĂLBATIC
SENIN
TROPICAL
VITAL

98 - Chimie

M	C	N	C	Z	Z	H	Z	U	O	J	M	I	C	X	T
B	E	B	B	A	D	K	I	Z	X	N	O	T	S	N	E
D	T	T	V	G	T	X	I	K	I	R	L	T	L	I	M
R	A	A	A	Z	E	A	M	T	G	M	E	R	A	S	P
B	T	N	I	L	A	C	L	A	E	J	C	I	X	K	E
U	U	S	X	L	E	L	H	I	N	N	U	Z	Ţ	X	R
D	E	A	N	A	N	S	O	I	Z	I	L	Q	B	Y	A
I	R	A	D	C	U	S	Q	R	D	A	Ă	B	Q	U	T
H	G	M	H	Ă	C	K	C	H	I	R	T	W	Z	U	U
C	L	O	R	L	L	C	B	W	C	C	O	O	S	P	R
I	T	G	X	D	E	R	G	F	A	A	F	G	R	Z	A
L	B	W	N	U	A	W	Z	N	O	R	T	C	E	L	E
T	N	U	D	R	R	I	I	O	F	B	V	T	K	N	W
F	E	G	P	Ă	T	J	C	I	M	O	T	A	D	Q	V
J	Q	T	E	N	Z	I	M	Ă	Z	N	J	A	Q	M	Z
O	Y	L	C	T	Ţ	U	W	O	J	Ţ	Y	T	W	D	H

ACID
ALCALIN
ATOMIC
CARBON
CATALIZATOR
CĂLDURĂ
CLOR
ENZIMĂ
ELECTRON
GAZ
HIDROGEN
ION
LICHID
METALE
MOLECULĂ
NUCLEAR
OXIGEN
GREUTATE
SARE
TEMPERATURA

99 - Bateaux

C	G	C	J	M	O	J	C	W	G	W	H	Z	M	I	P
L	E	E	R	A	M	V	A	T	R	F	Z	P	A	O	A
J	A	P	I	H	C	E	N	A	E	C	O	P	R	V	W
X	M	N	R	R	I	Q	O	D	I	H	B	L	I	M	I
F	A	A	A	Â	U	Q	E	Z	H	T	E	U	N	A	E
F	N	Q	G	U	U	L	T	R	G	I	K	T	A	R	M
W	D	S	R	T	T	H	A	I	N	M	K	Ă	R	I	S
E	U	Z	A	E	A	I	C	V	Â	K	O	R	S	T	U
O	R	O	T	O	M	S	C	O	R	G	B	O	C	I	I
M	Ă	G	A	Ţ	T	Ţ	V	A	F	X	E	C	E	M	K
A	B	A	C	P	X	X	B	Ţ	M	K	V	N	Q	W	H
R	K	F	E	B	Z	P	R	O	Y	H	M	A	E	Ţ	V
E	E	V	A	N	E	Q	A	Y	I	L	H	Z	L	A	C
H	Z	P	B	E	Z	C	N	U	V	K	M	D	X	R	L
C	A	I	A	C	G	T	A	J	K	D	B	T	Ţ	Y	Z
A	H	T	J	O	Y	A	D	F	P	V	L	S	I	J	Z

ANCORĂ
GEAMANDURĂ
CANOE
FRÂNGHIE
ECHIPAJ
BAC
RÂU
CAIAC
LAC
MAREE
MARINAR
MARITIM
CATARG
MARE
MOTOR
NAUTIC
OCEAN
PLUTĂ
VALURI
IAHT

100 - Mesures

U	C	V	E	B	D	E	H	B	C	B	H	B	R	G	P
N	A	Y	M	Ţ	A	W	Q	Y	A	H	T	I	L	B	I
C	S	Q	G	U	J	L	Q	T	F	T	L	U	U	X	H
I	K	C	U	R	W	P	B	E	C	G	I	S	N	P	T
E	F	D	R	T	A	M	E	T	R	U	T	S	G	I	H
T	J	V	T	E	G	D	J	Q	B	A	R	T	I	G	M
A	C	A	E	M	I	Ţ	L	Ă	N	Î	U	O	M	G	U
T	F	Y	M	O	G	R	A	M	S	S	A	N	E	Y	L
U	Q	N	I	L	O	A	D	T	H	A	M	Ă	L	G	O
E	Q	L	T	I	S	D	J	C	Q	B	M	W	V	A	V
R	D	L	N	K	V	Â	I	T	X	O	W	W	K	Q	M
G	Y	D	E	U	I	N	R	K	A	Z	X	Q	Z	E	A
C	S	Y	C	W	C	C	Z	Z	F	S	O	M	H	V	D
Z	J	H	M	Z	R	I	Z	E	C	I	M	A	L	F	X
I	N	C	H	C	T	M	A	R	G	O	L	I	K	Q	O
X	W	D	P	S	Ţ	E	M	I	Ţ	Ă	L	W	T	C	M

CENTIMETRU
GRAD
ZECIMAL
GRAM
ÎNĂLŢIME
KILOGRAM
KILOMETRU
LĂŢIME
LITRU
LUNGIME
MASĂ
METRU
MINUT
BYTE
UNCIE
GREUTATE
INCH
ADÂNCIME
TONĂ
VOLUM

1 - Adjectifs #2

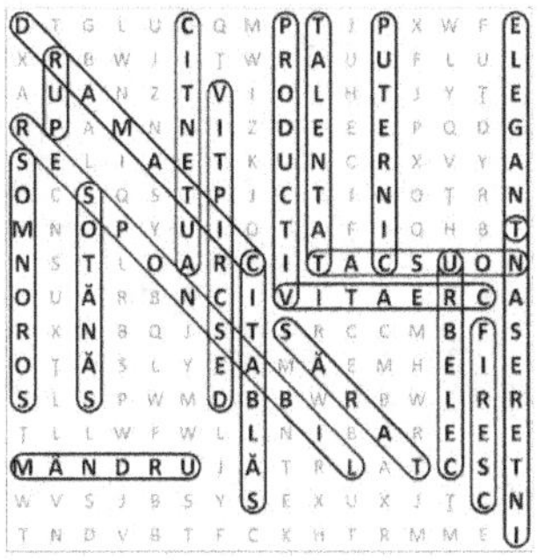

2 - Formes

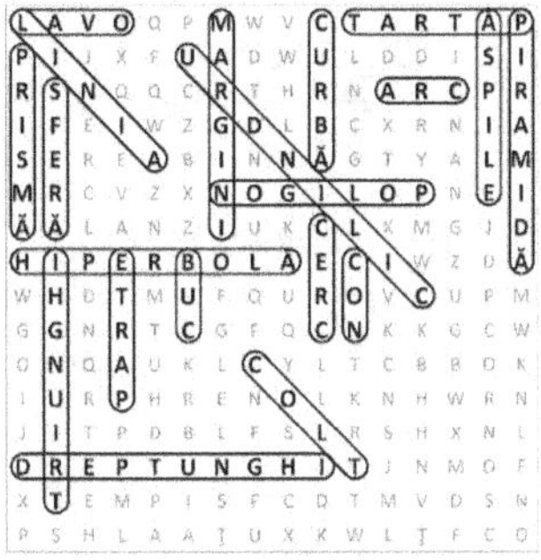

3 - Force et Gravité

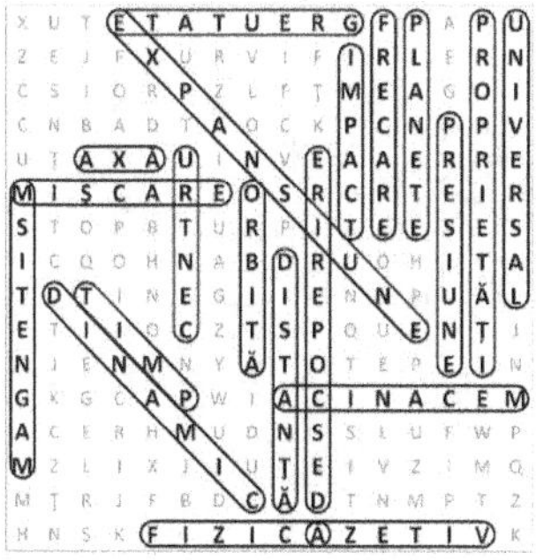

4 - Adjectifs #1

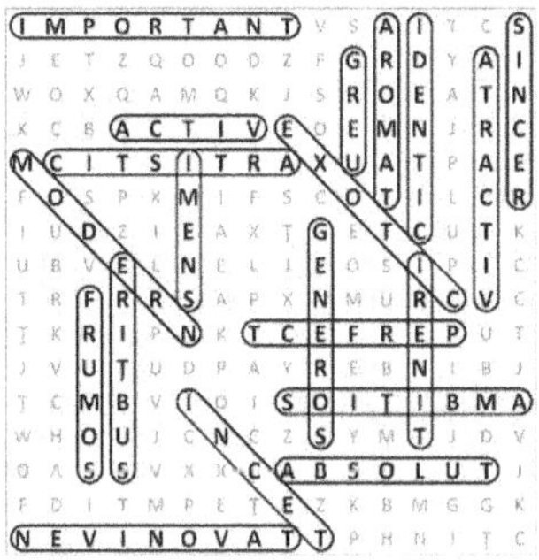

5 - Instruments de Musique

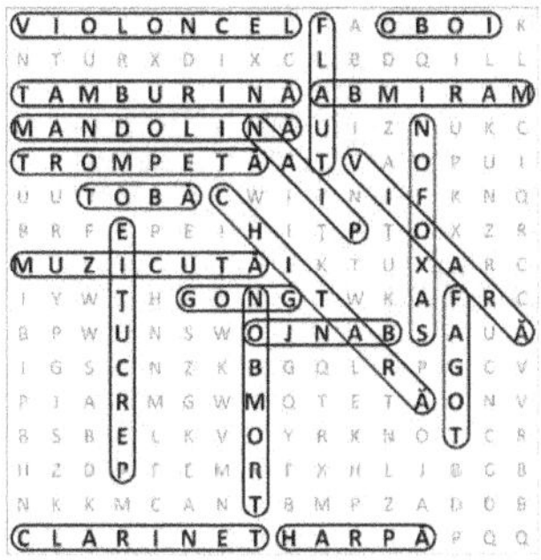

6 - Herboristerie

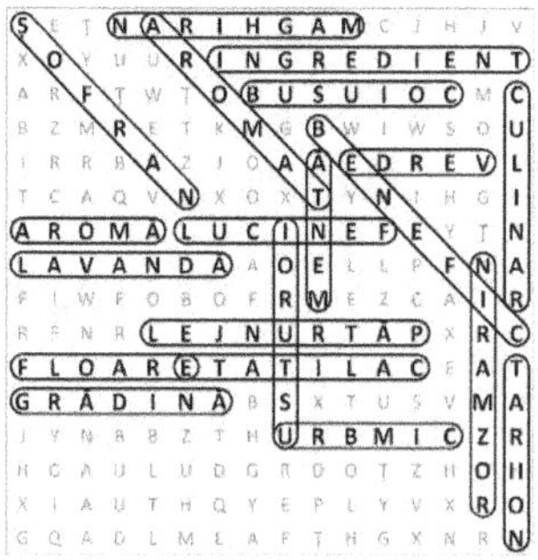

7 - Véhicules

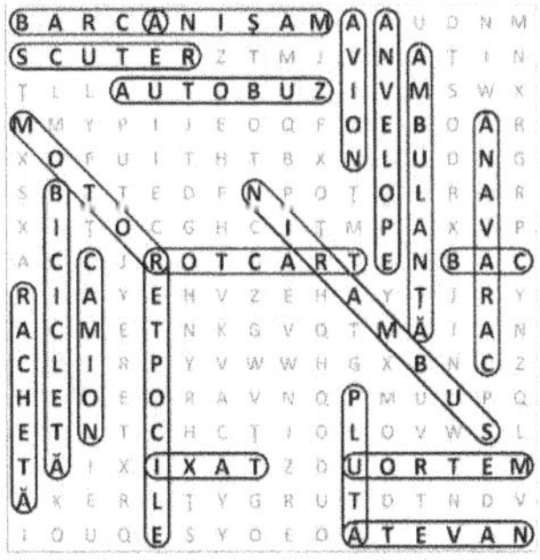

8 - Camping

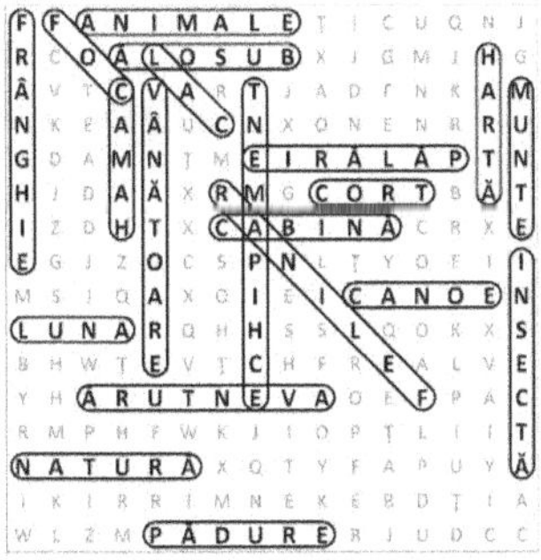

9 - Écologie

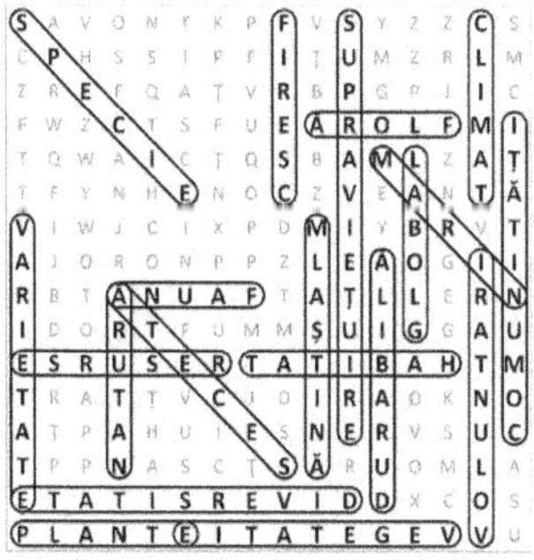

10 - Géométrie

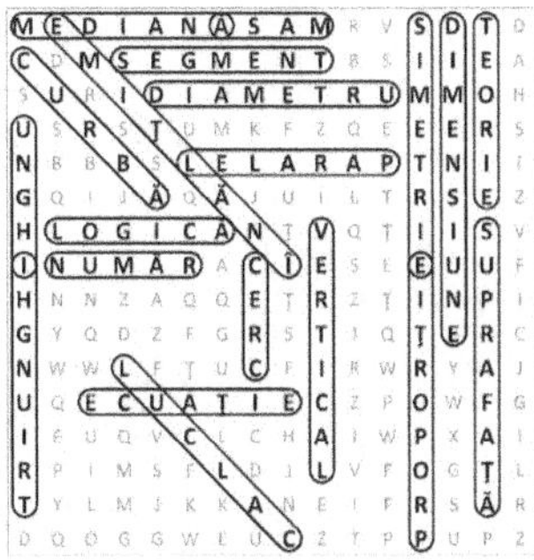

11 - Les Médias

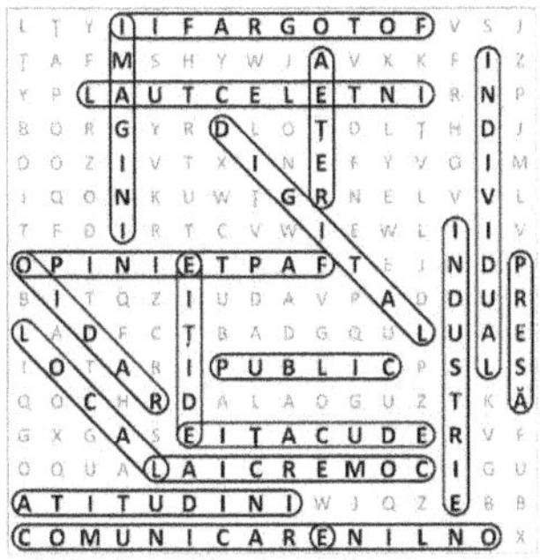

12 - Philanthropie

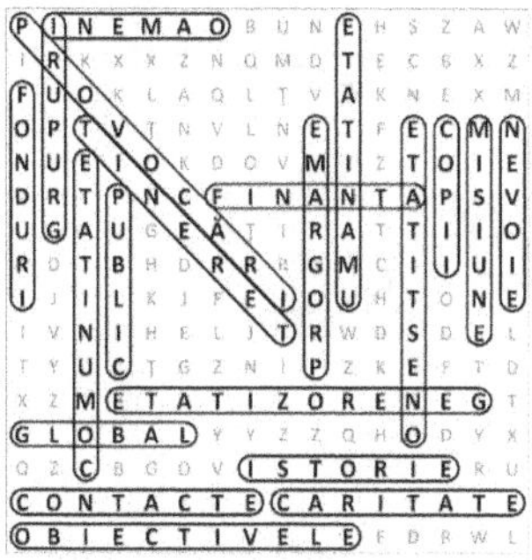

13 - Diplomatie

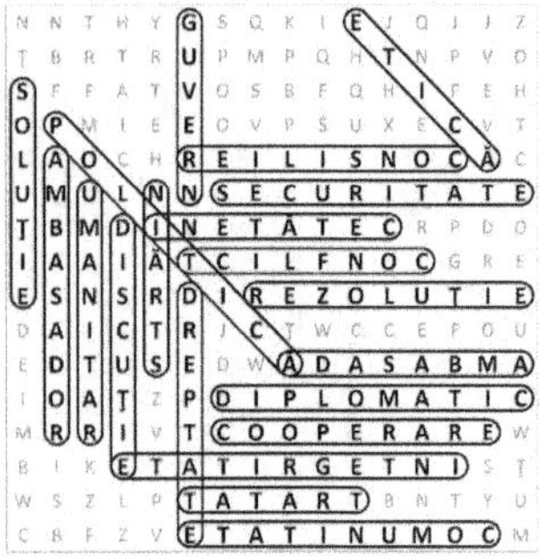

14 - Électricité

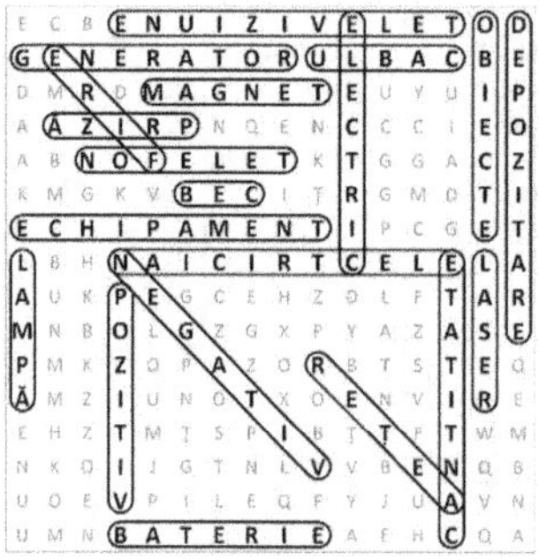

15 - Astronomie

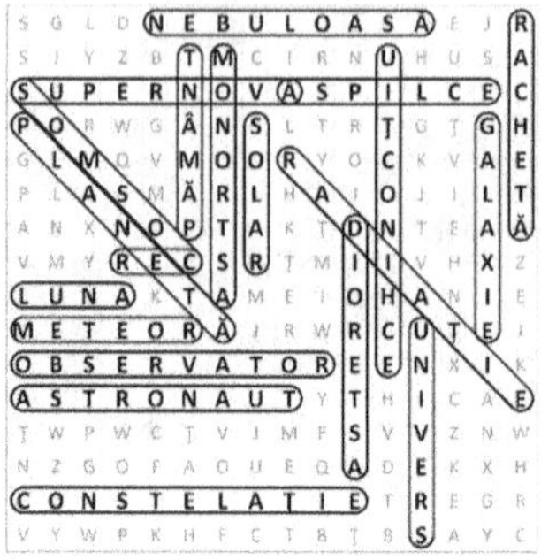

16 - Physique

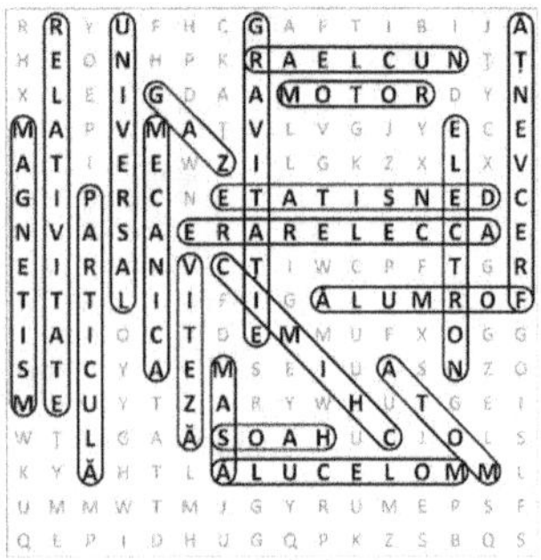

17 - Types de Cheveux

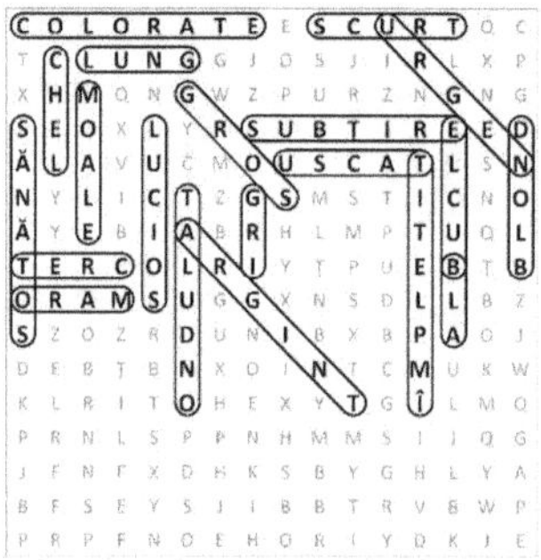

18 - Archéologie

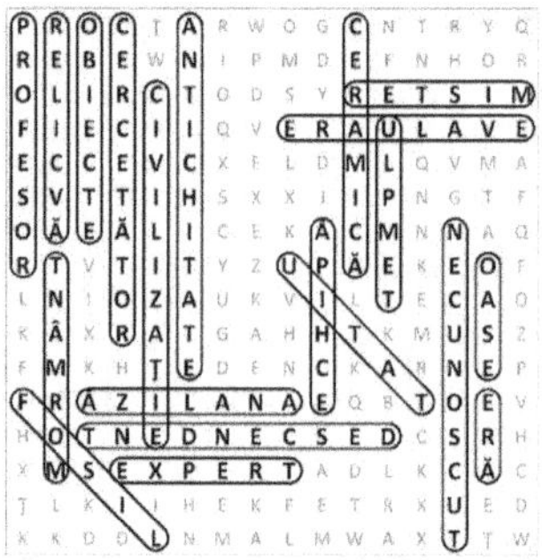

19 - Mammifères

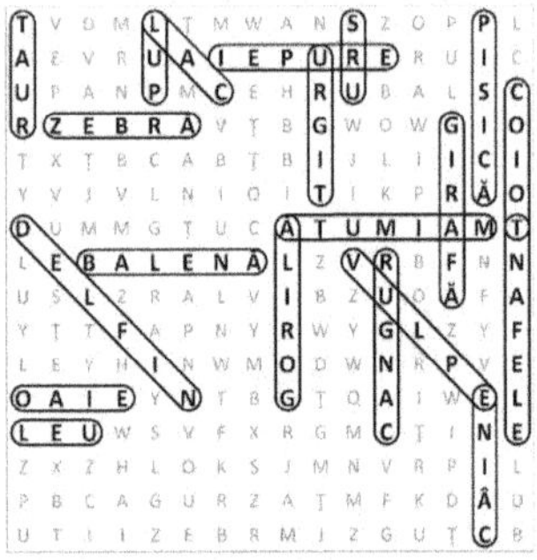

20 - Mathématiques

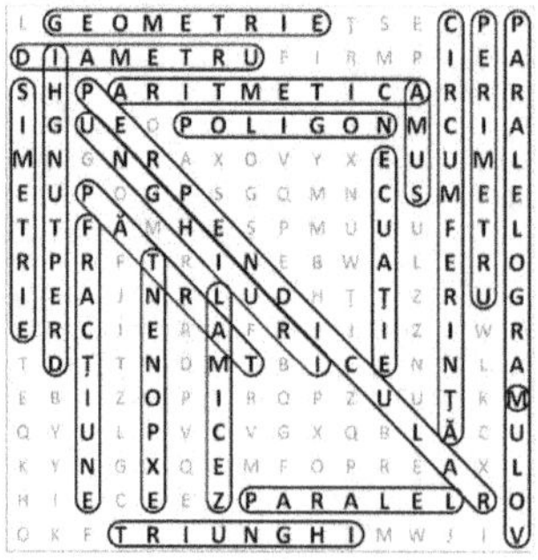

21 - Mythologie

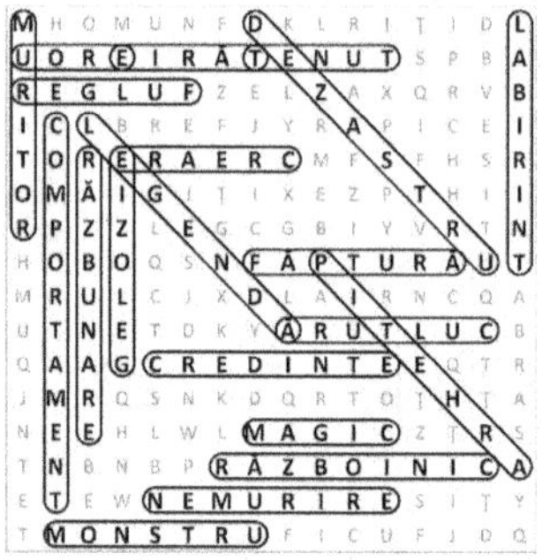

22 - Restaurant #2

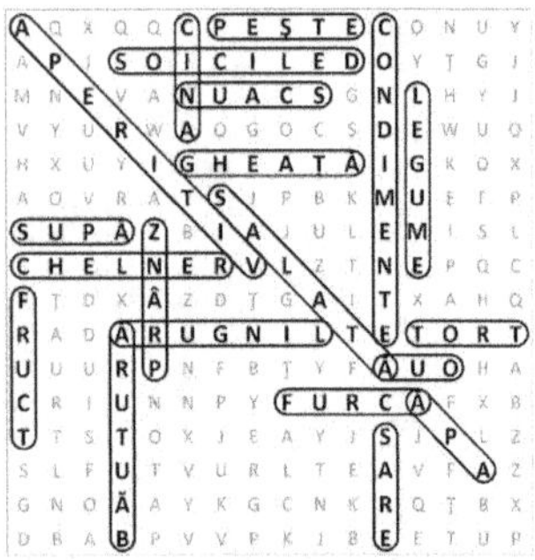

23 - Beauté

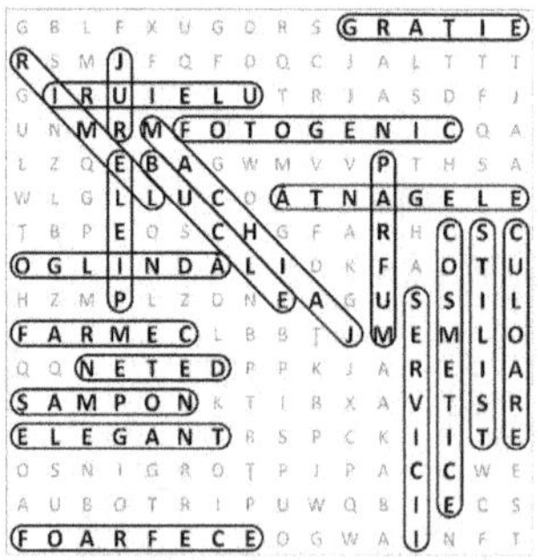

24 - Avions

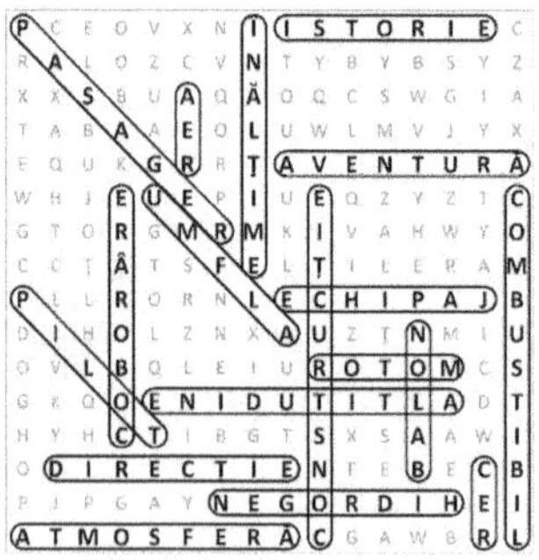

25 - Aventure

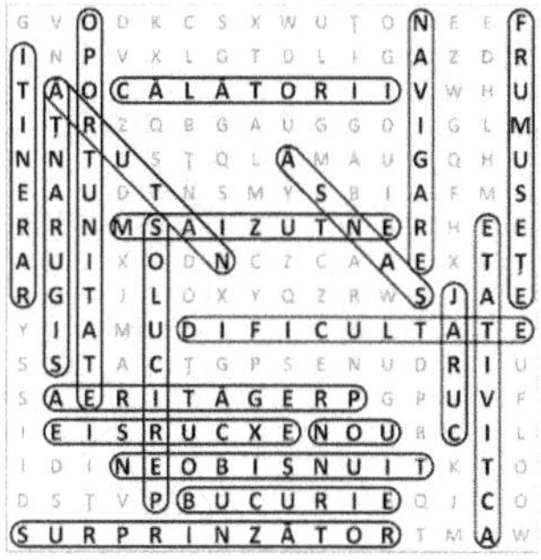

26 - Ville

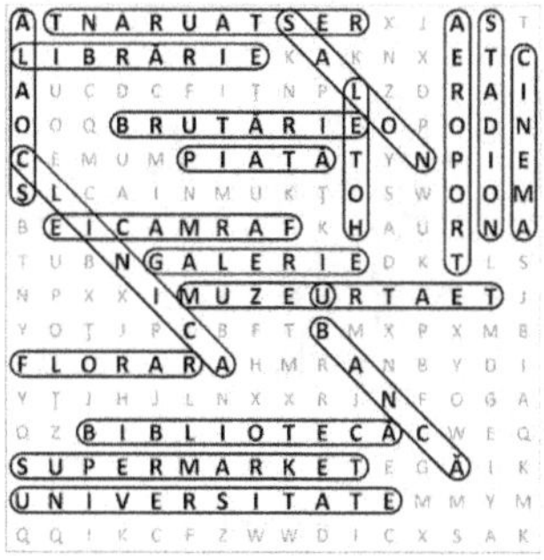

27 - Ingénierie

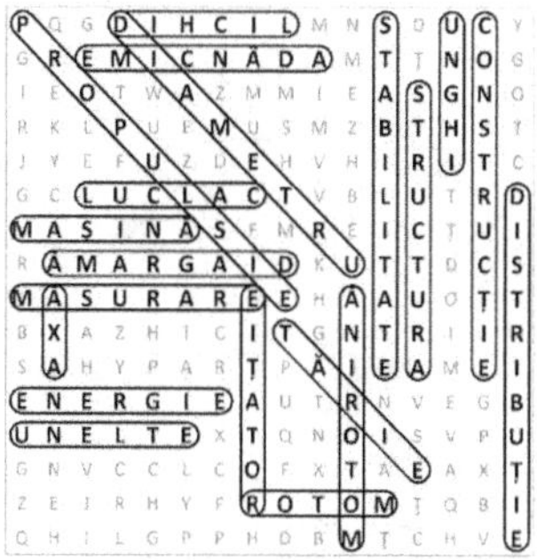

28 - Énergie

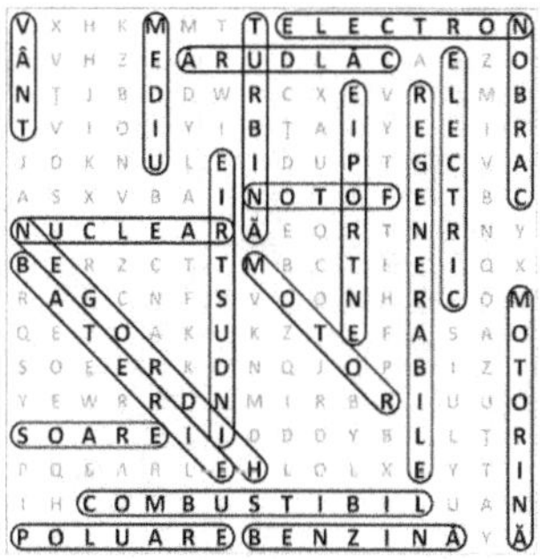

29 - Cuisine

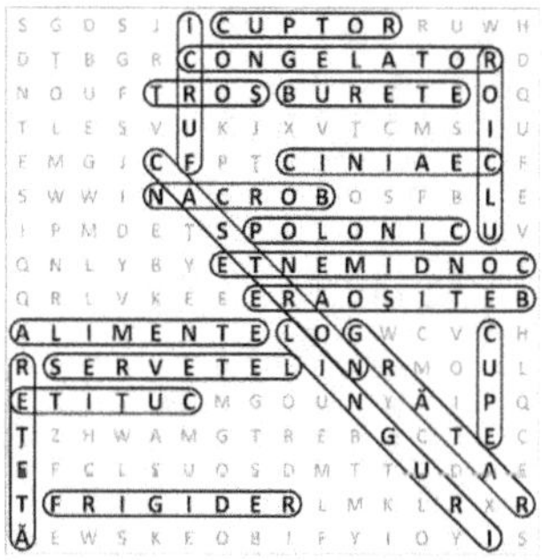

30 - Corps Humain

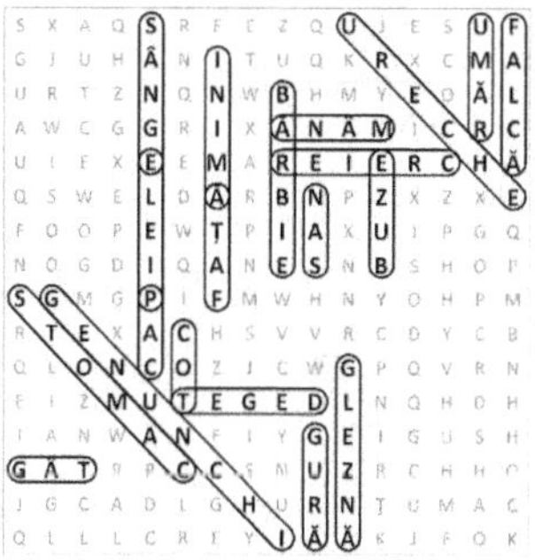

31 - Biologie

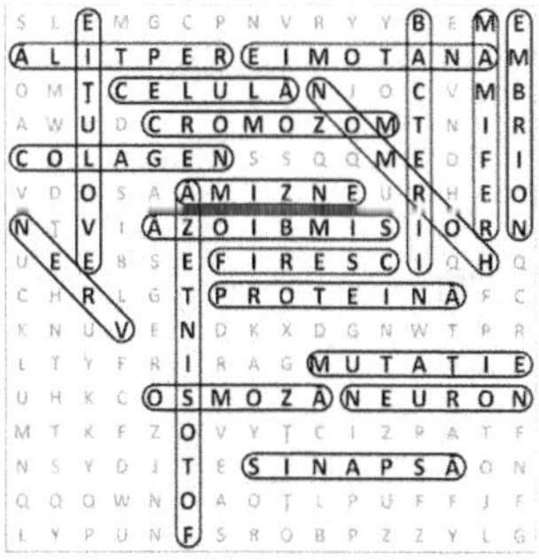

32 - Épices

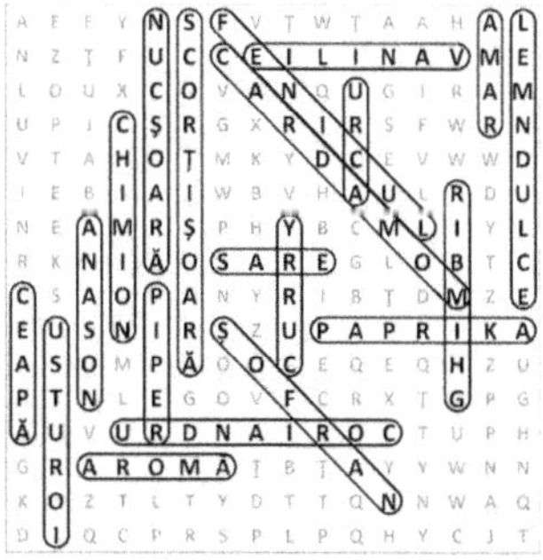

33 - Agronomie

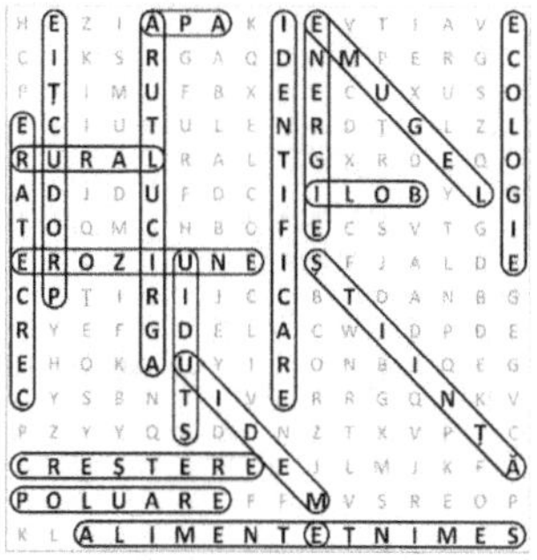

34 - Science

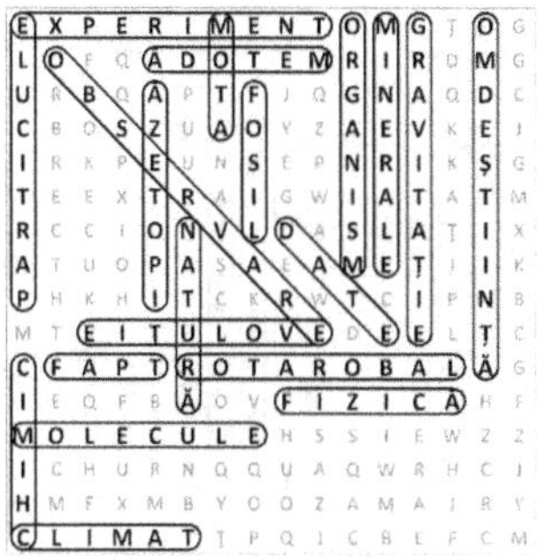

35 - Vêtements

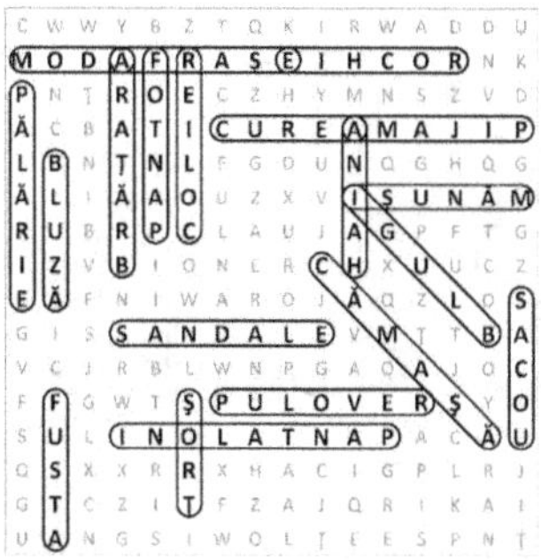

36 - Arts Visuels

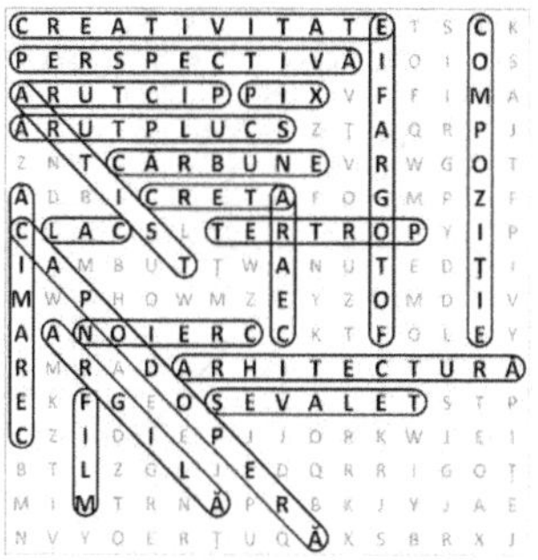

37 - Méditation

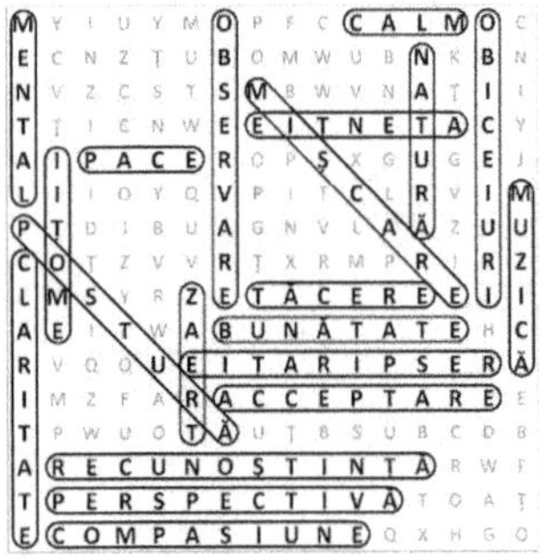

38 - Littérature

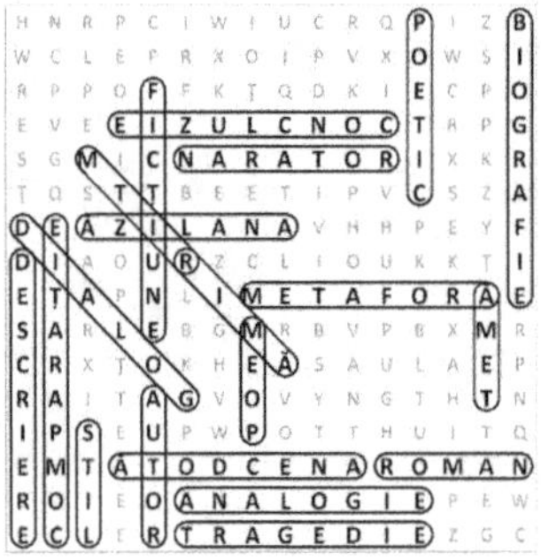

39 - Nourriture #1

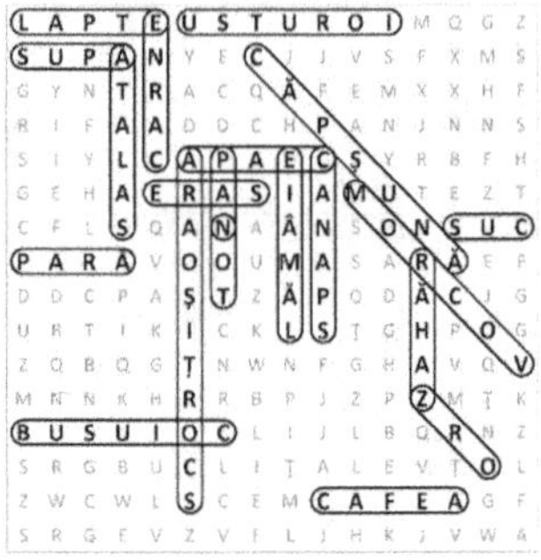

40 - Jours et Mois

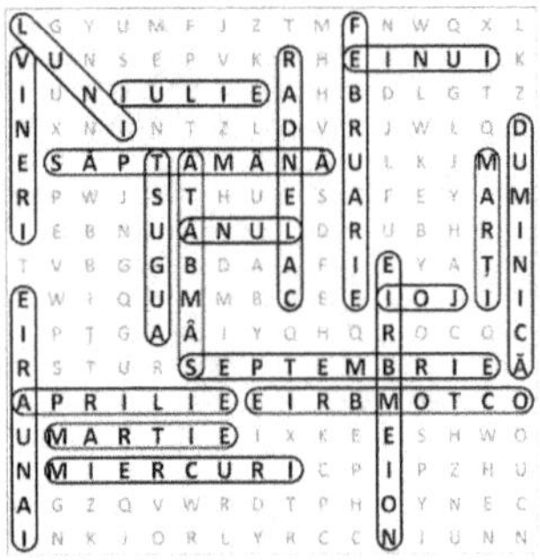

41 - Entreprise

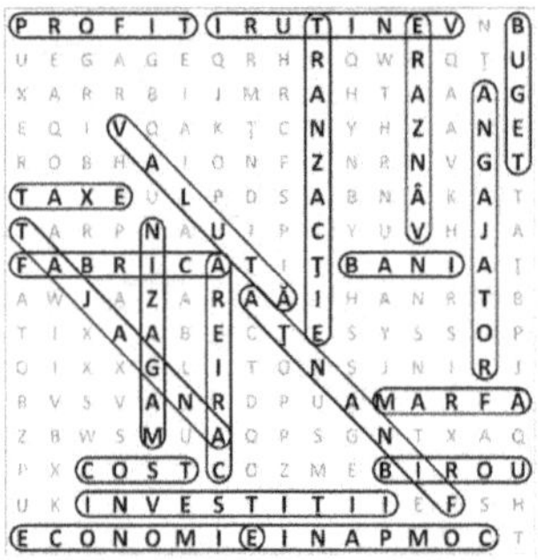

42 - Activités

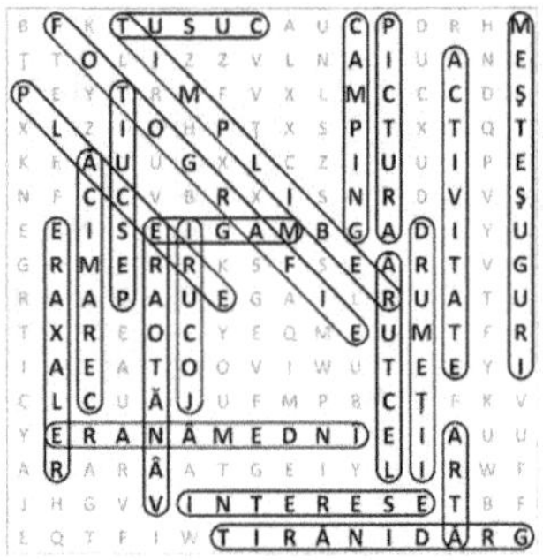

43 - Mode

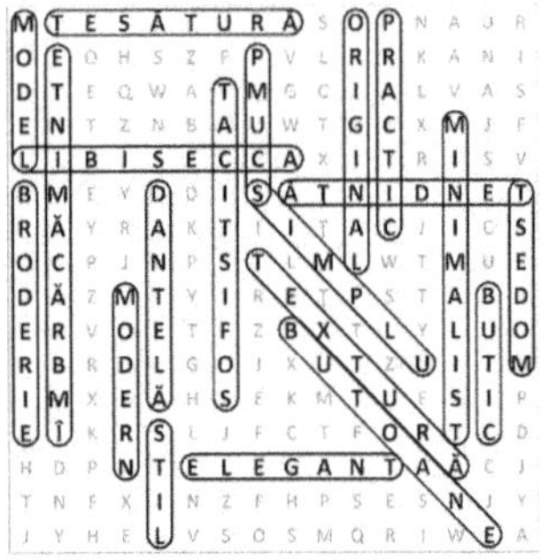

44 - Nourriture #2

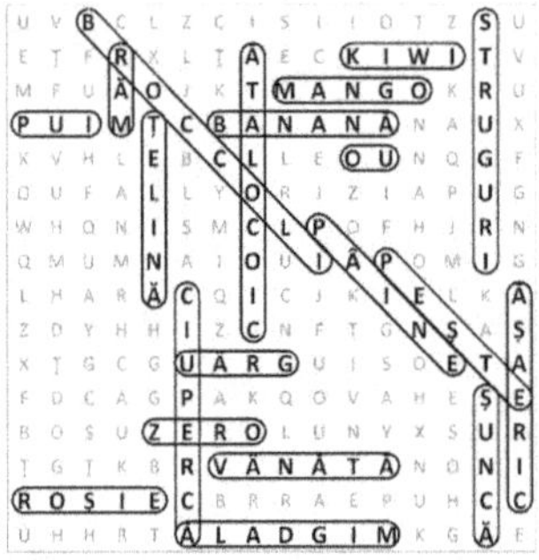

45 - Algèbre

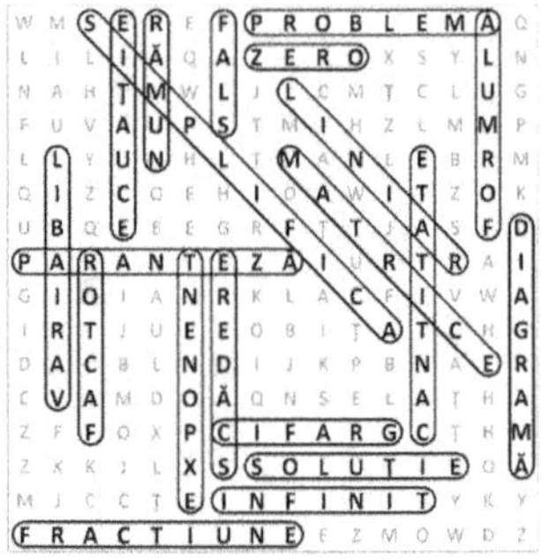

46 - Océan

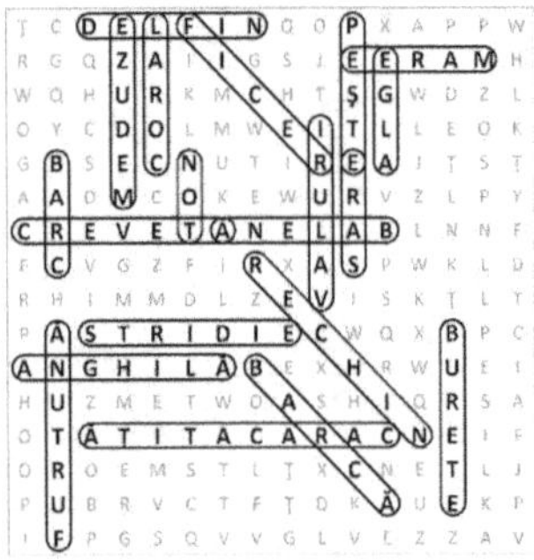

47 - Antiquités

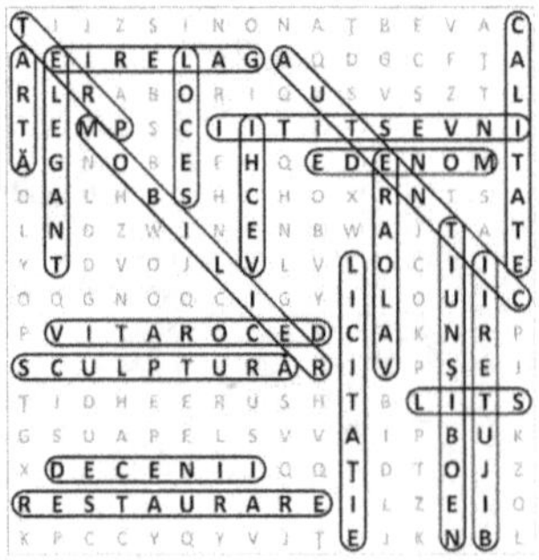

48 - Réchauffement Cli

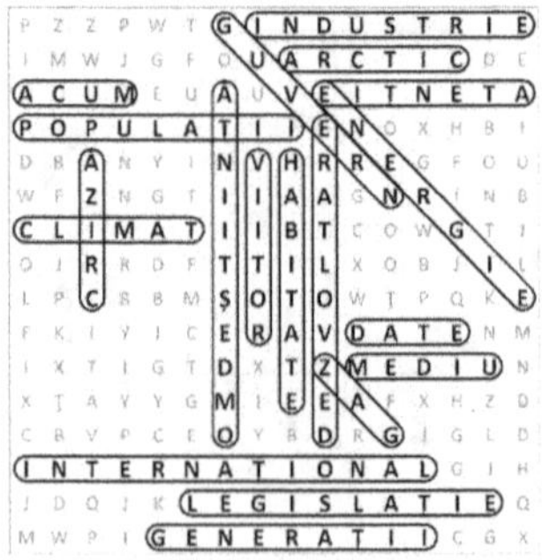

49 - Ballet

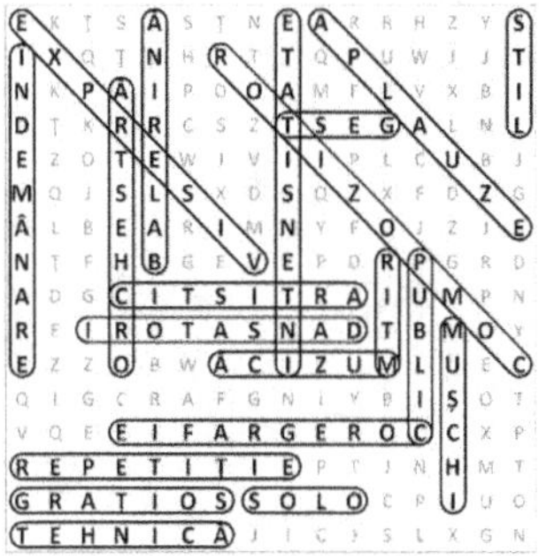

50 - Fruit

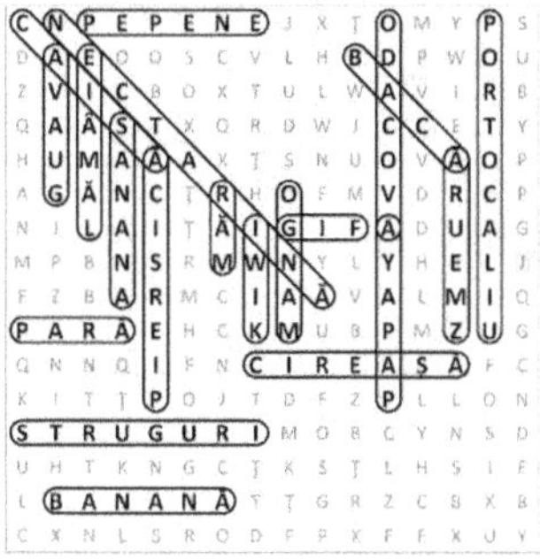

51 - Musique

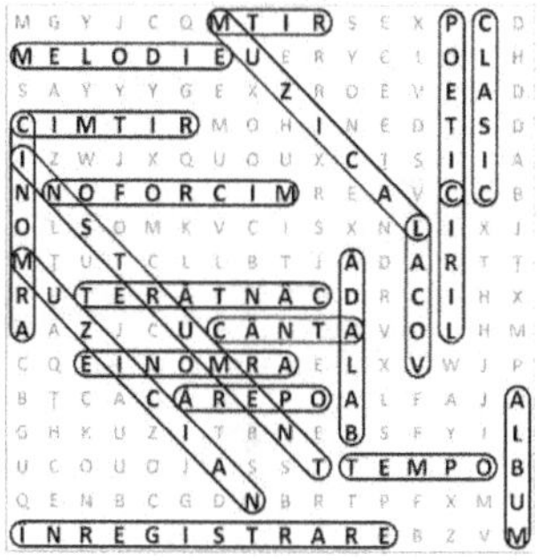

52 - Météo

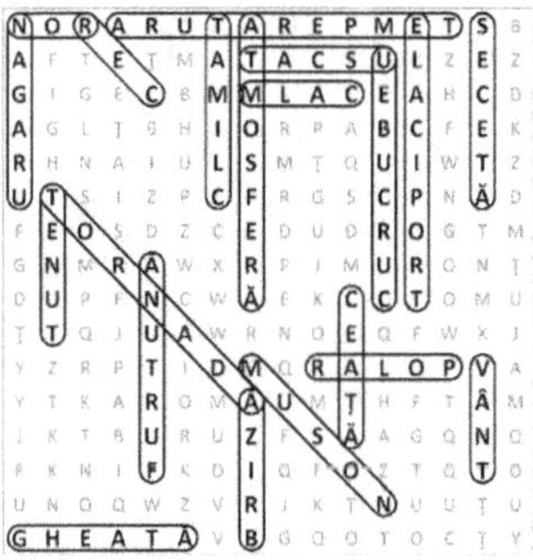

53 - L'Entreprise

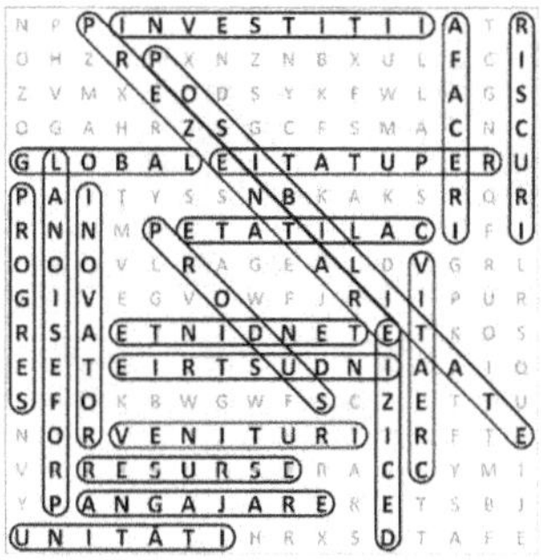

54 - Gouvernement

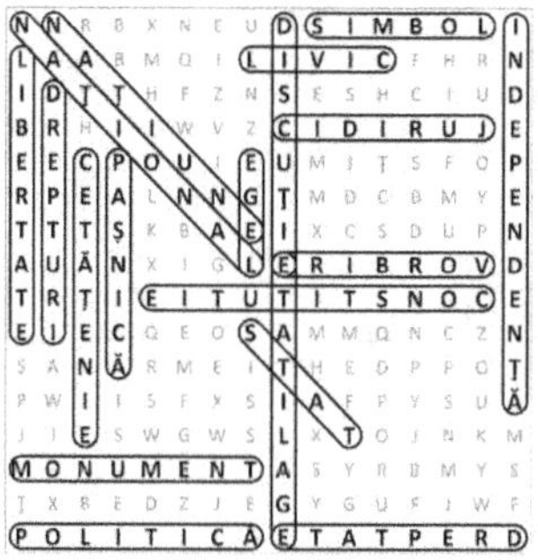

55 - Randonnée

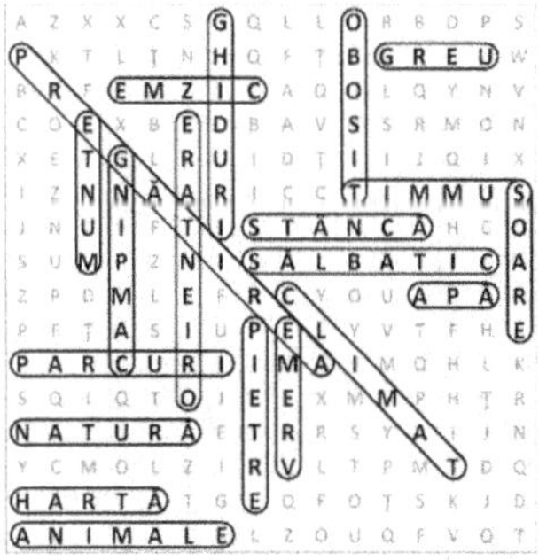

56 - Nutrition

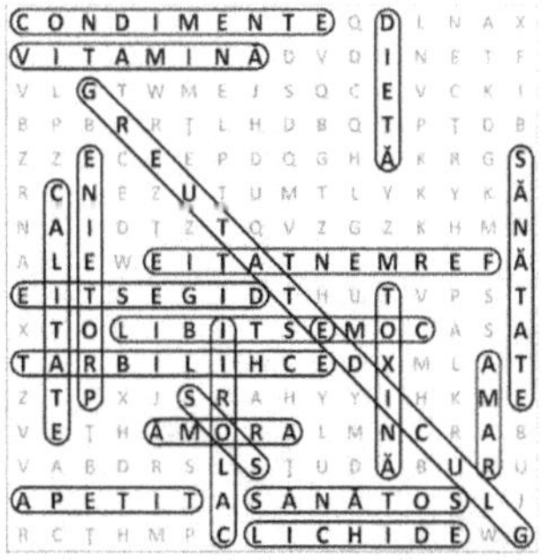

57 - Créativité

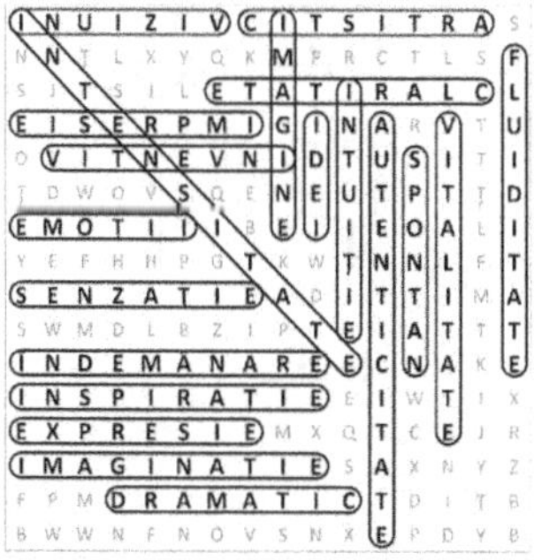

58 - Science Fiction

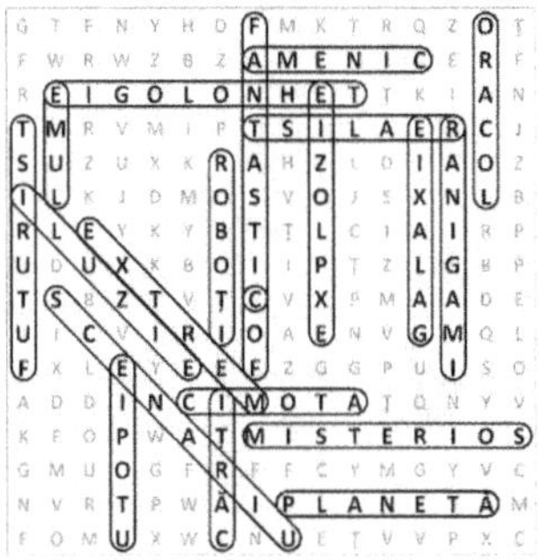

59 - Vertus #1

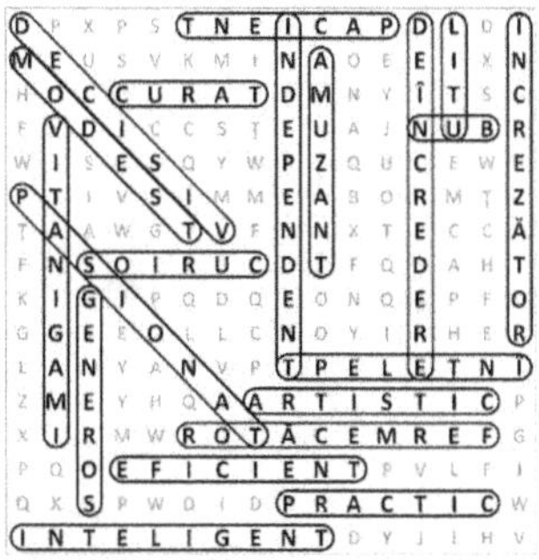

60 - Professions #1

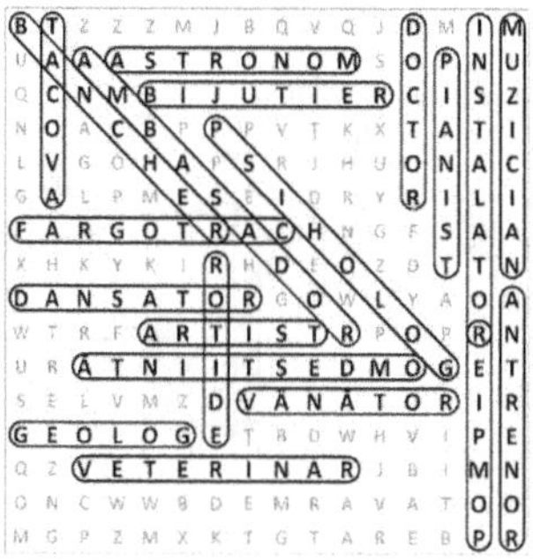

61 - Géologie

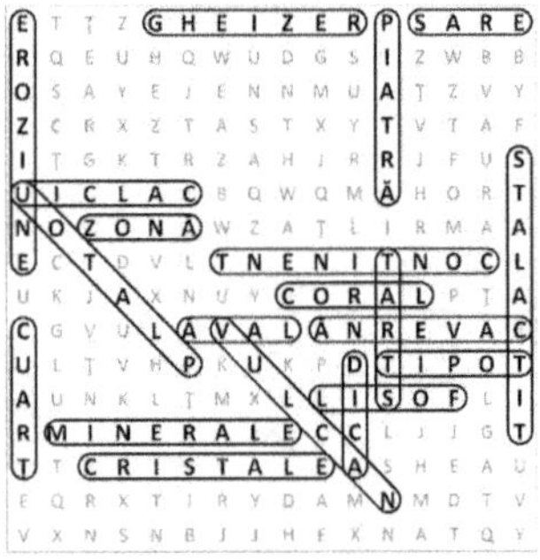

62 - Jardin

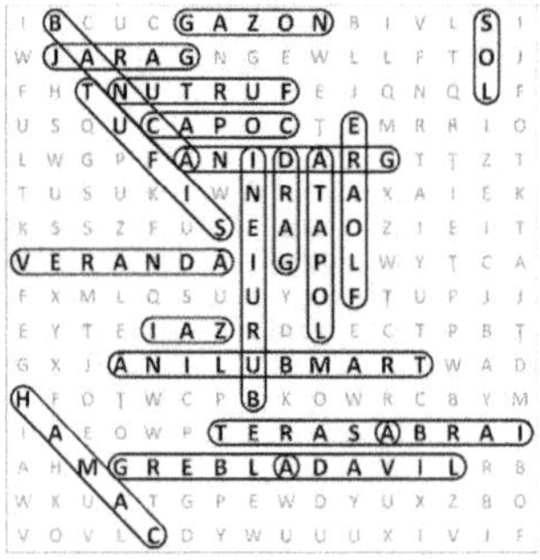

63 - Santé et Bien Être #1

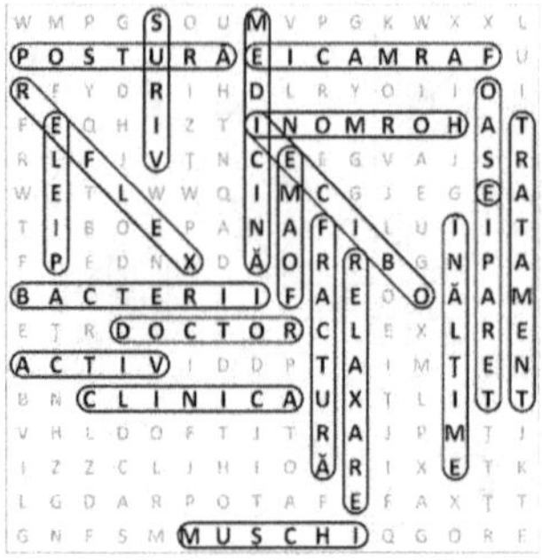

64 - Barbecues

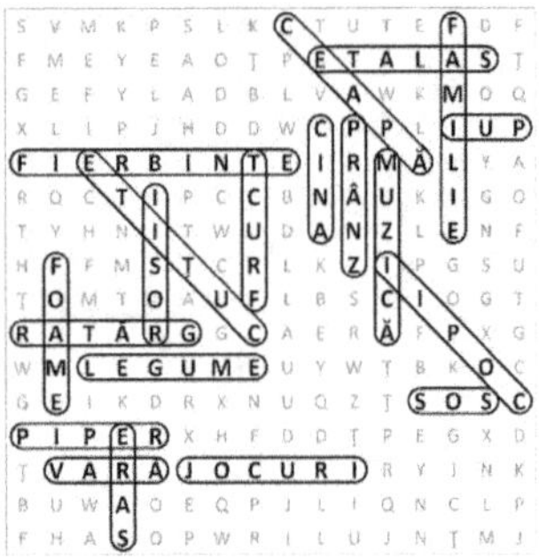

65 - Forêt Tropicale

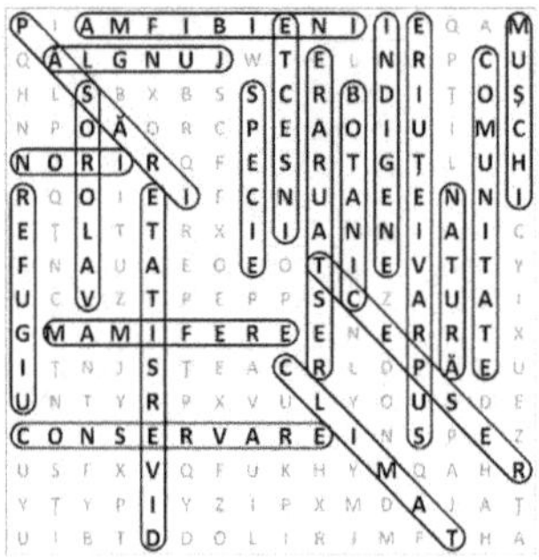

66 - Ferme #1

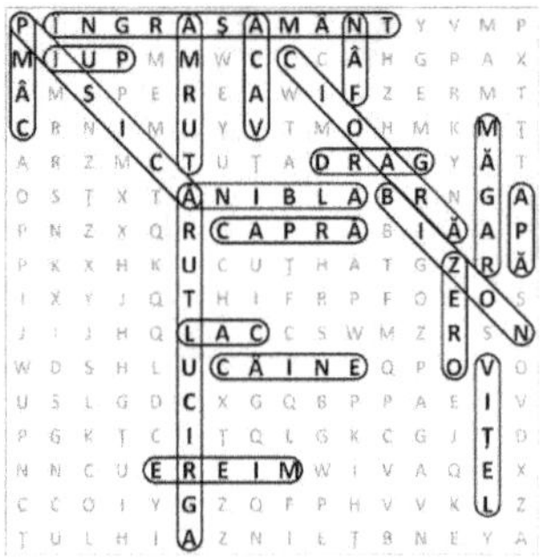

67 - Antarctique

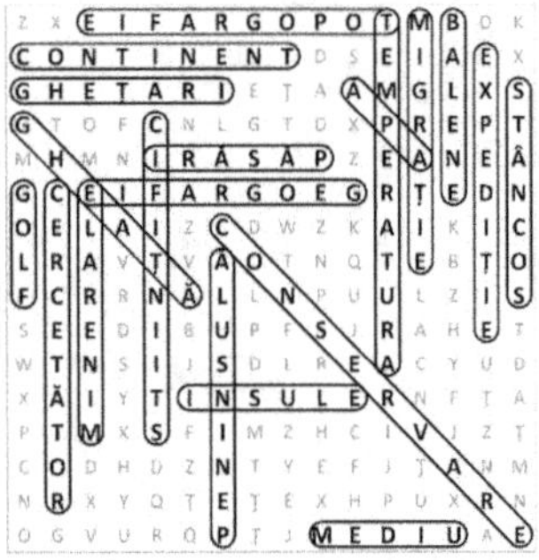

68 - Professions #2

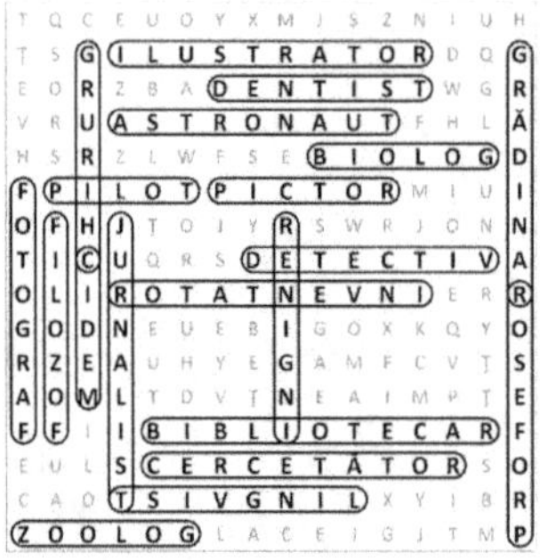

69 - Les Abeilles

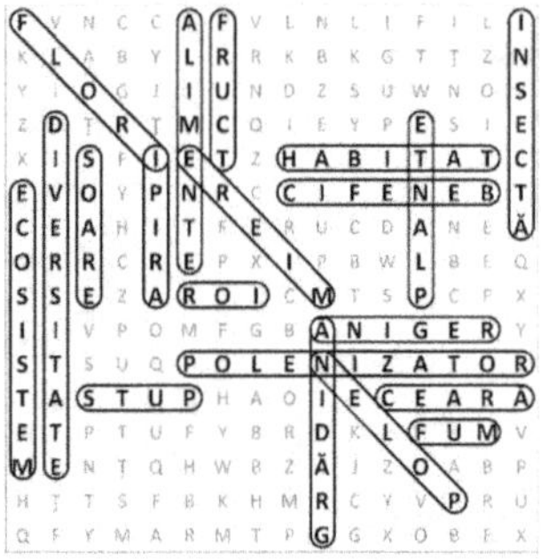

70 - Santé et Bien Être #2

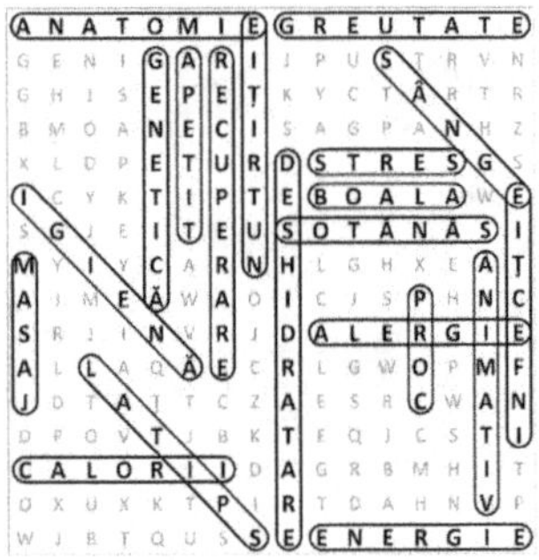

71 - Conduite

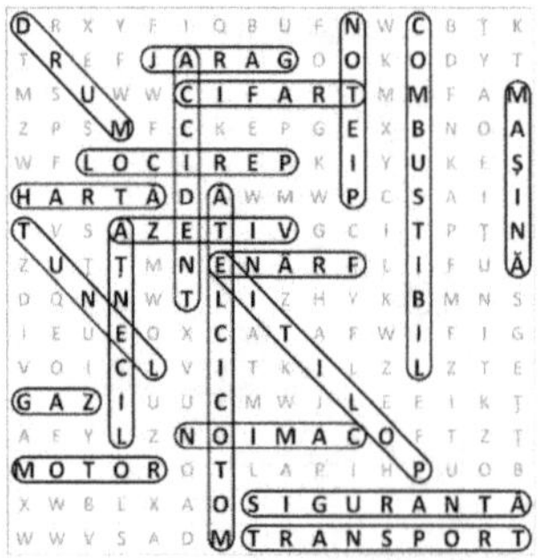

72 - Plantes

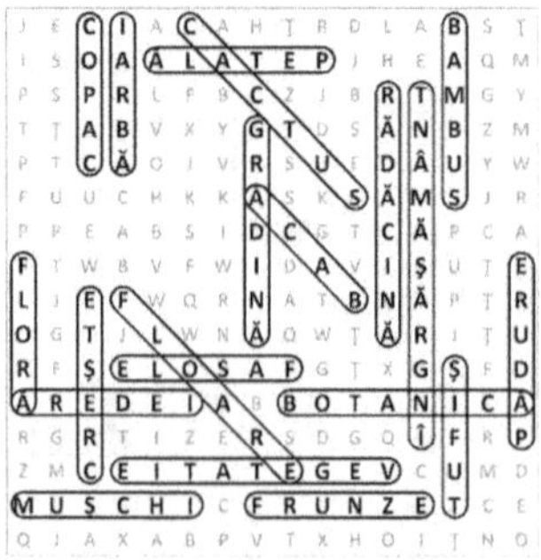

73 - Ferme #2

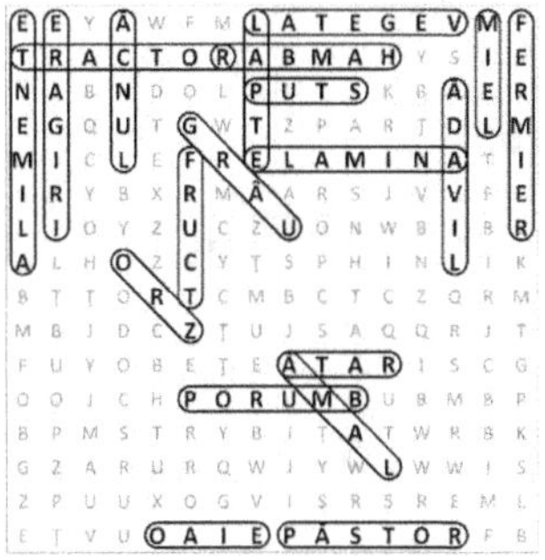

74 - Vacances #2

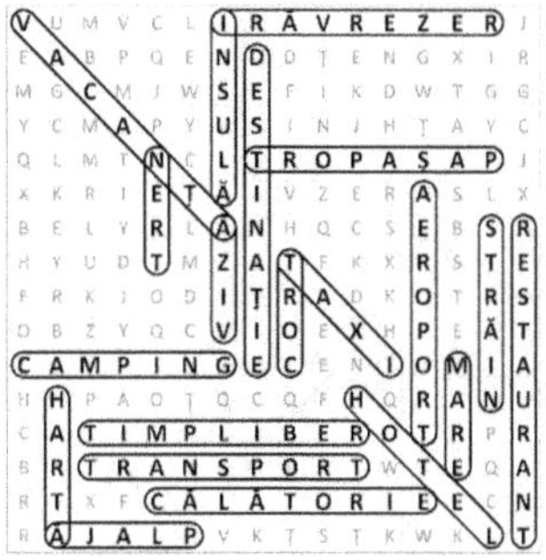

75 - Éthique

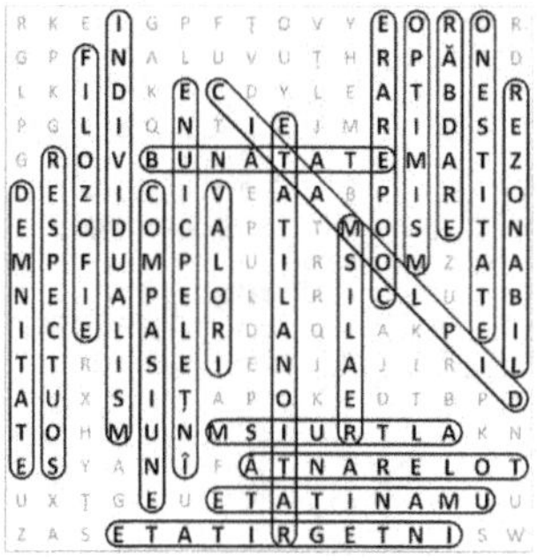

76 - Temps

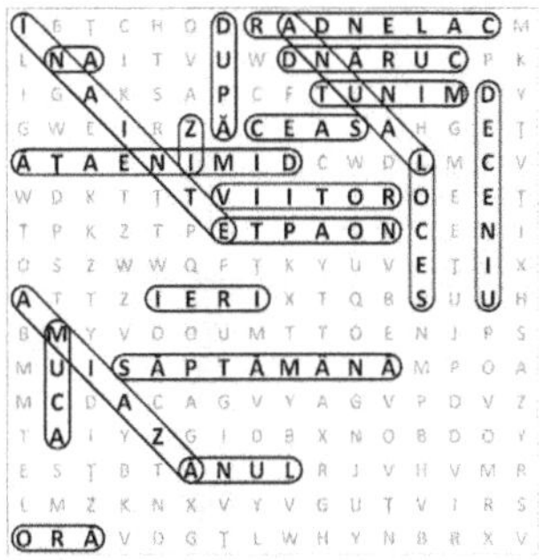

77 - Maison

78 - Légumes

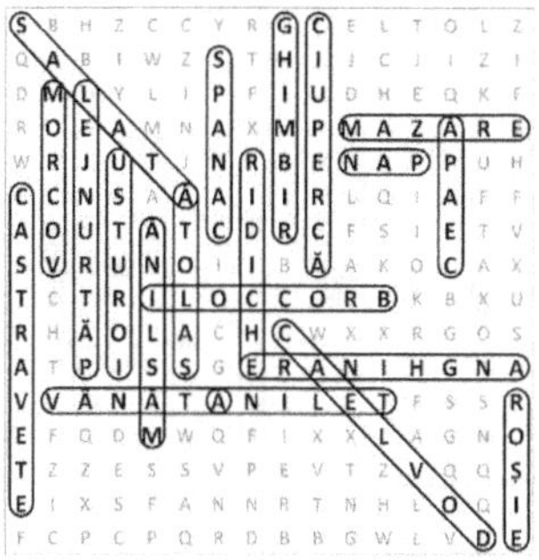

79 - Famille

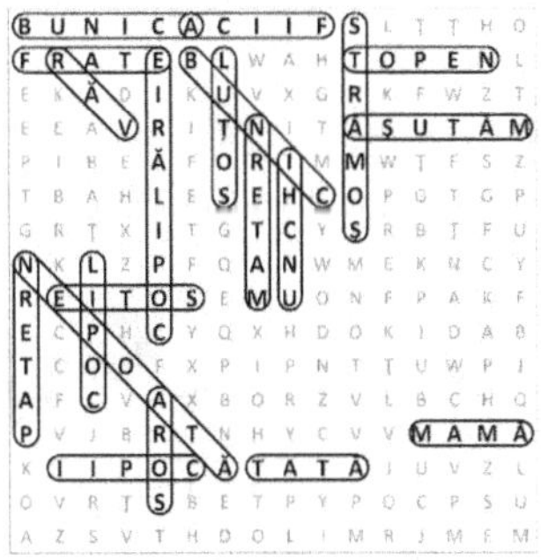

80 - Oiseaux

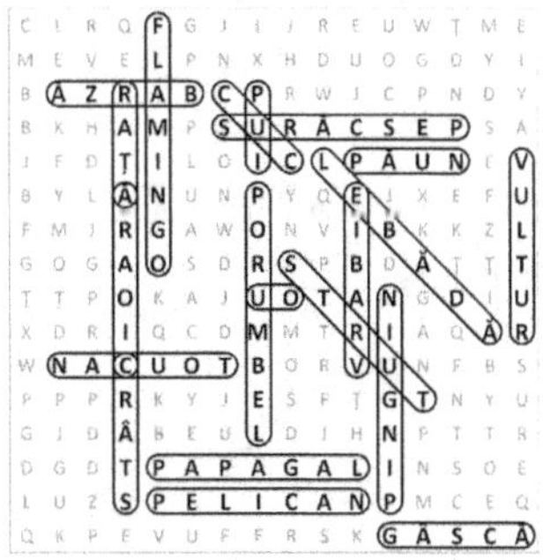

81 - Disciplines Scientifiques

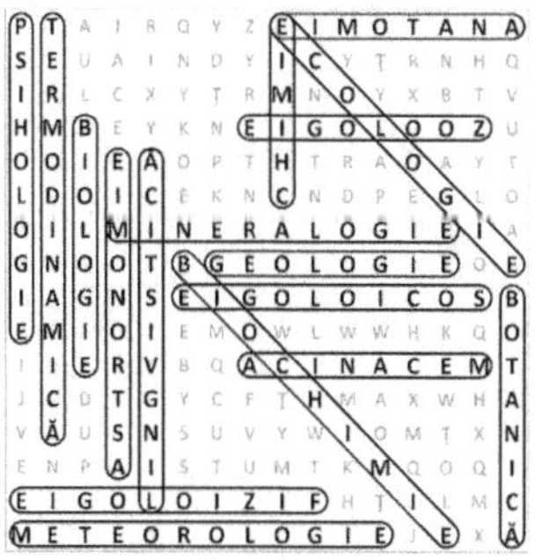

82 - Maladie

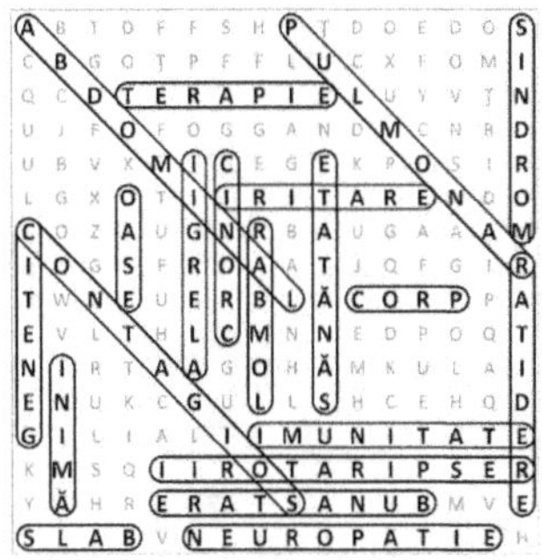

83 - Émotions

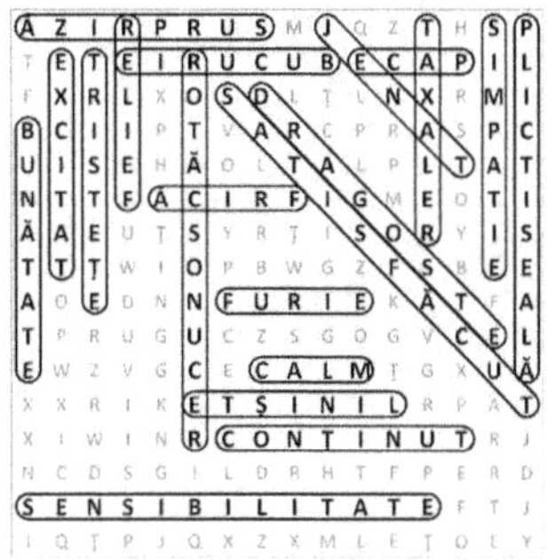

84 - Univers

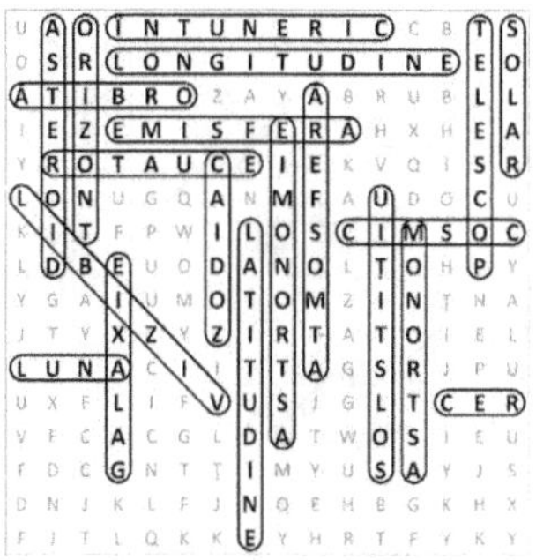

85 - Géographie

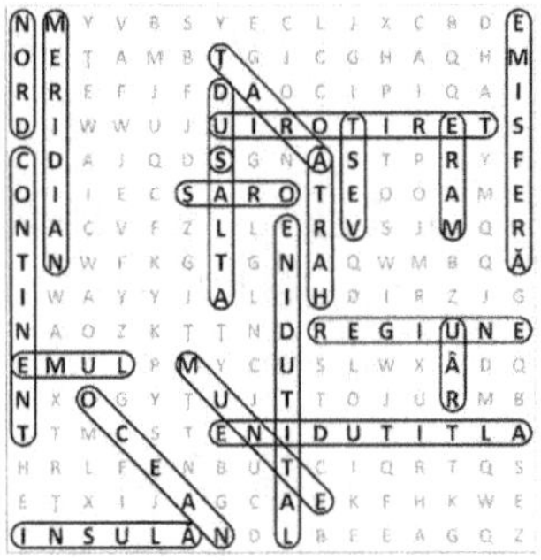

86 - Bâtiments

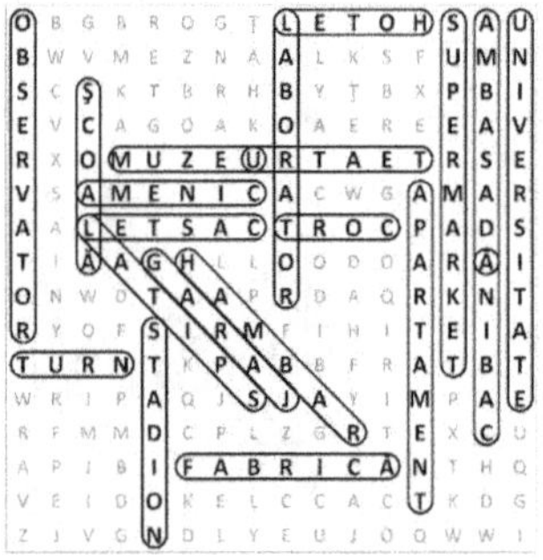

87 - Activités et Loisirs

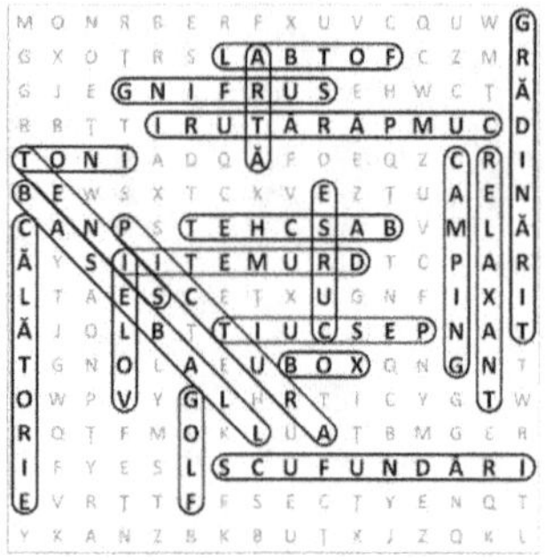

88 - Livres

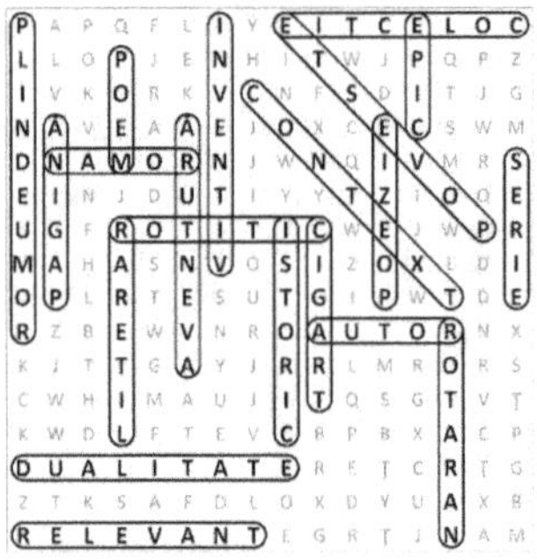

89 - Pays #2

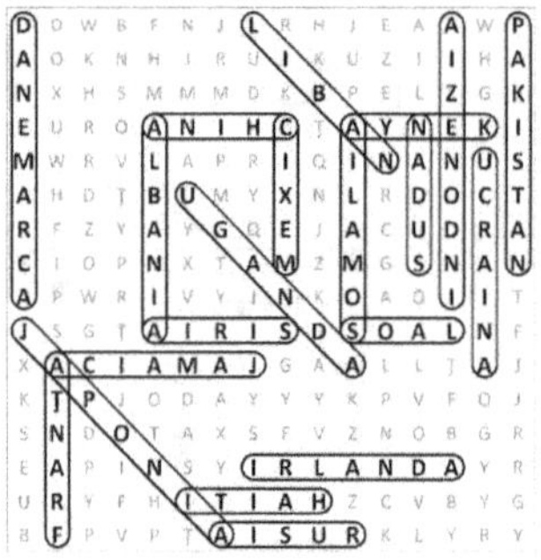

90 - Fournitures d'Art

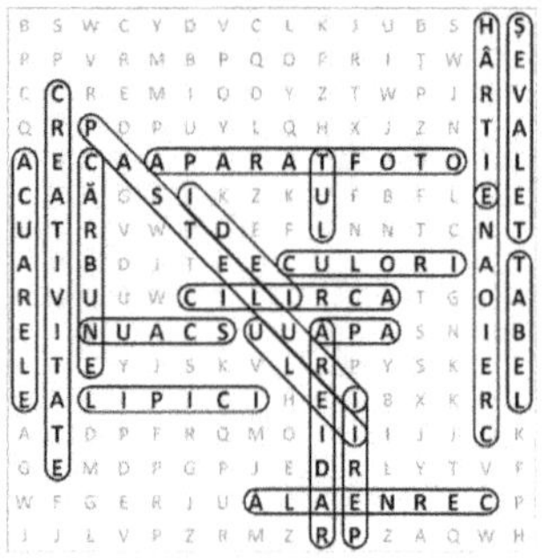

91 - Eau

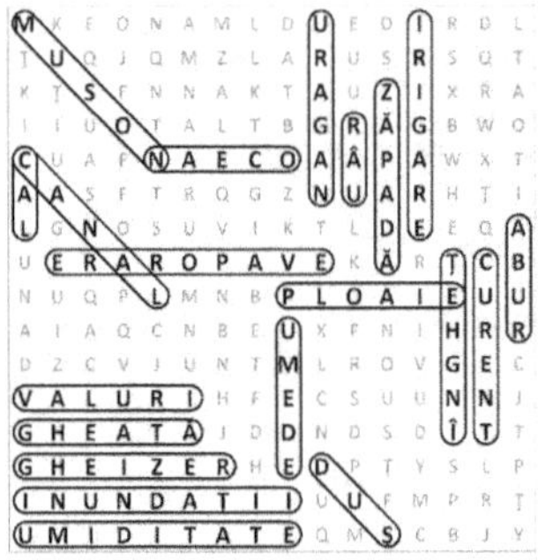

92 - Jazz

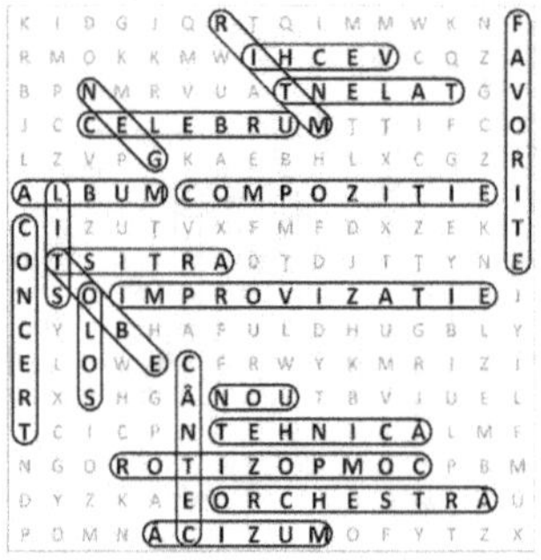

93 - Paysages

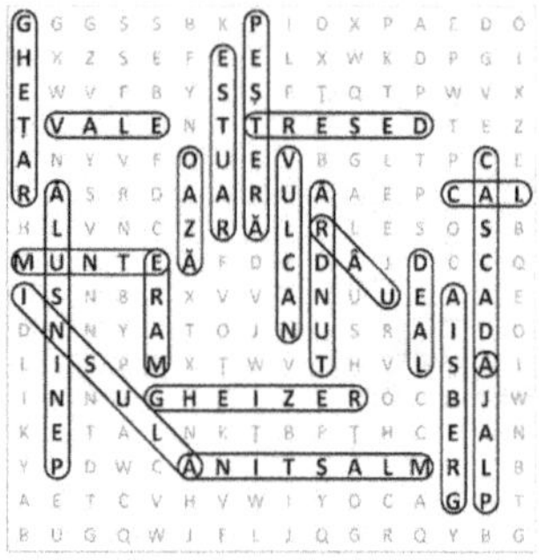

94 - Pays #1

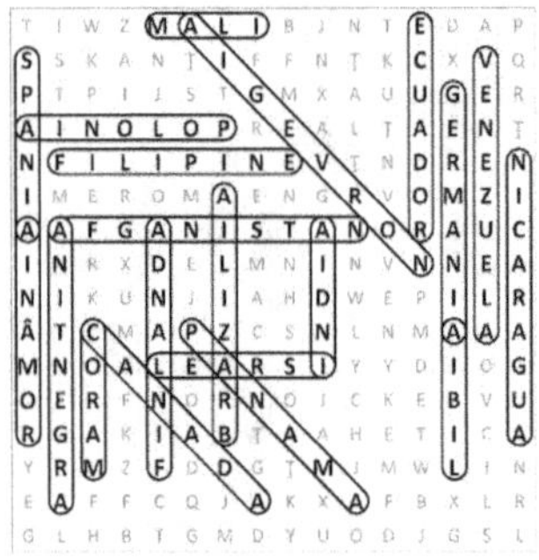

95 - Nombres

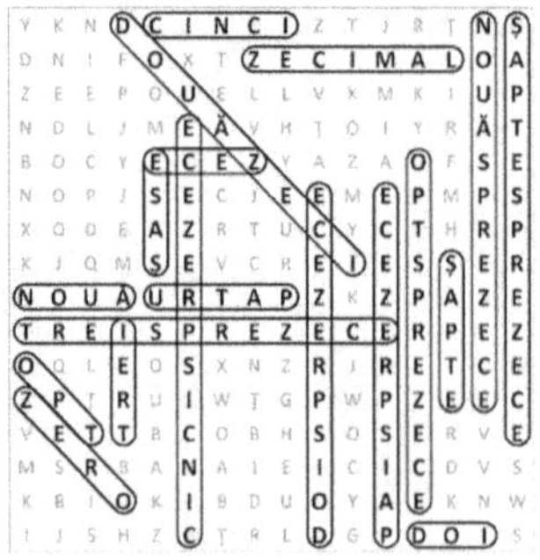

96 - Psychologie

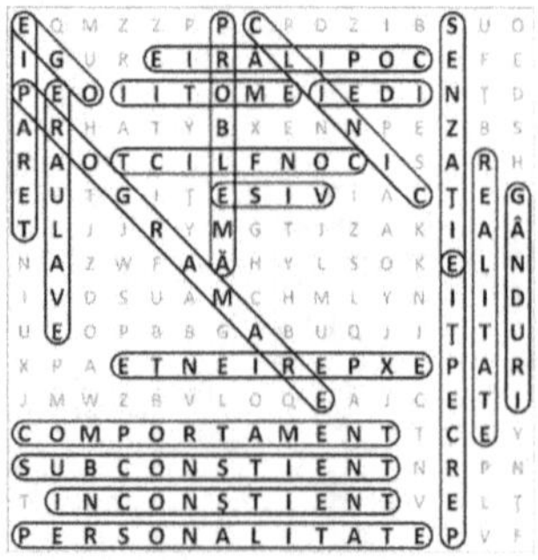

97 - Nature

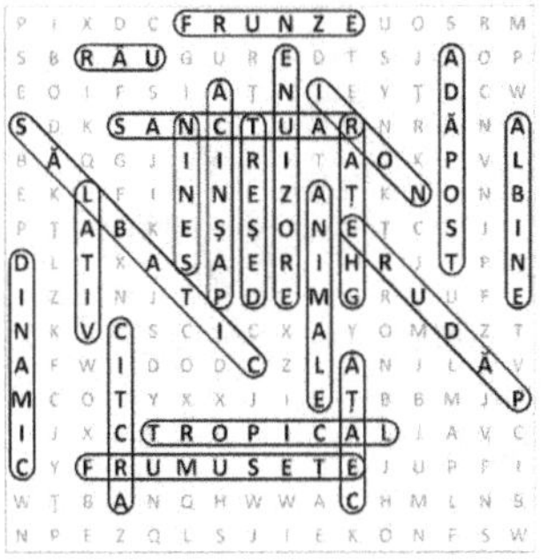

98 - Chimie

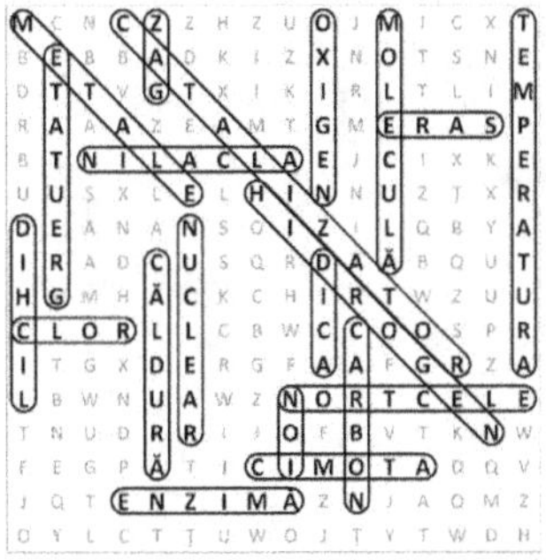

99 - Bateaux

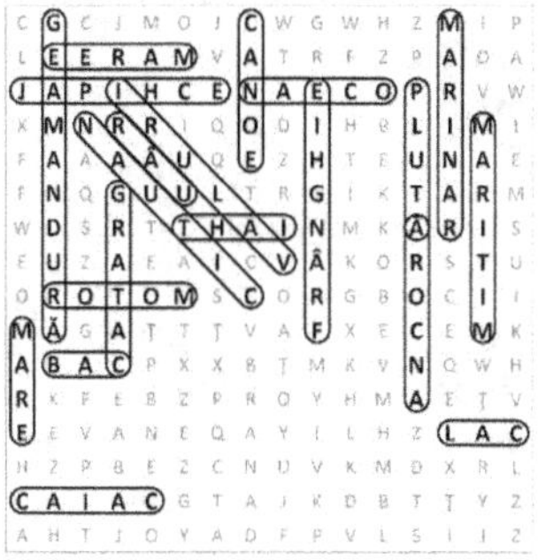

100 - Mesures

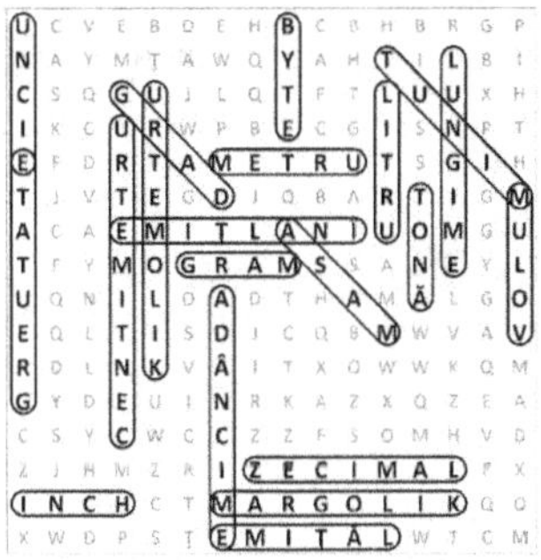

Dictionnaire

Activités
Activități

Activité	Activitate
Art	Artă
Artisanat	Meşteşuguri
Camping	Camping
Céramique	Ceramică
Chasse	Vânătoare
Compétence	Îndemânare
Couture	Cusut
Intérêts	Interese
Jardinage	Grădinărit
Jeux	Jocuri
Lecture	Lectură
Loisir	Timp Liber
Magie	Magie
Peinture	Pictura
Pêche	Pescuit
Photographie	Fotografie
Plaisir	Plăcere
Randonnée	Drumeții
Relaxation	Relaxare

Activités et Loisirs
Activități și Timp Liber

Achats	Cumpărături
Art	Artă
Base-Ball	Baseball
Basket-Ball	Baschet
Boxe	Box
Camping	Camping
Course	Curse
Football	Fotbal
Golf	Golf
Jardinage	Grădinărit
Nager	Înot
Peinture	Pictura
Pêche	Pescuit
Plongée	Scufundări
Randonnée	Drumeții
Relaxant	Relaxant
Surf	Surfing
Tennis	Tenis
Volley-Ball	Volei
Voyage	Călătorie

Adjectifs #1
Adjective #1

Absolu	Absolut
Actif	Activ
Ambitieux	Ambițios
Aromatique	Aromat
Artistique	Artistic
Attractif	Atractiv
Beau	Frumos
Exotique	Exotic
Énorme	Imens
Généreux	Generos
Honnête	Sincer
Identique	Identic
Important	Important
Innocent	Nevinovat
Jeune	Tineri
Lent	Încet
Lourd	Greu
Mince	Subțire
Moderne	Modern
Parfait	Perfect

Adjectifs #2
Adjective #2

Authentique	Autentic
Célèbre	Celebru
Créatif	Creativ
Descriptif	Descriptiv
Doué	Talentat
Dramatique	Dramatic
Élégant	Elegant
Fier	Mândru
Fort	Puternic
Intéressant	Interesant
Naturel	Firesc
Nouveau	Nou
Productif	Productiv
Pur	Pur
Responsable	Responsabil
Sain	Sănătos
Salé	Sărat
Sauvage	Sălbatic
Sec	Uscat
Somnolent	Somnoros

Agronomie
Agronomie

Agriculture	Agricultură
Croissance	Creştere
Eau	Apă
Engrais	Îngrăşământ
Environnement	Mediu
Écologie	Ecologie
Énergie	Energie
Érosion	Eroziune
Étude	Studiu
Graines	Semințe
Identification	Identificare
Légumes	Legume
Maladies	Boli
Nourriture	Alimente
Pollution	Poluare
Production	Producție
Recherche	Cercetare
Rural	Rural
Science	Știință
Systèmes	Sisteme

Algèbre
Algebră

Diagramme	Diagramă
Exposant	Exponent
Équation	Ecuaţie
Facteur	Factor
Faux	Fals
Formule	Formulă
Fraction	Fracțiune
Graphique	Grafic
Infini	Infinit
Linéaire	Liniar
Matrice	Matrice
Nombre	Număr
Parenthèse	Paranteză
Problème	Problemă
Quantité	Cantitate
Simplifier	Simplifica
Solution	Soluţie
Soustraction	Scădere
Variable	Variabil
Zéro	Zero

Antarctique
Antarctica

Baie	Golf
Baleines	Balene
Chercheur	Cercetător
Conservation	Conservare
Continent	Continent
Eau	Apă
Environnement	Mediu
Expédition	Expediție
Géographie	Geografie
Glace	Gheață
Glaciers	Ghețari
Îles	Insule
Migration	Migrație
Minéraux	Minerale
Oiseaux	Păsări
Péninsule	Peninsulă
Rocheux	Stâncos
Scientifique	Științific
Température	Temperatura
Topographie	Topografie

Antiquités
Antichități

Art	Artă
Authentique	Autentic
Bijoux	Bijuterii
Décennies	Decenii
Décoratif	Decorativ
Enchères	Licitație
Élégant	Elegant
Galerie	Galerie
Inhabituel	Neobișnuit
Investissement	Investiții
Meubles	Mobilier
Pièces	Monede
Prix	Preț
Qualité	Calitate
Restauration	Restaurare
Sculpture	Sculptură
Siècle	Secol
Style	Stil
Valeur	Valoare
Vieux	Vechi

Archéologie
Arheologie

Analyse	Analiză
Antiquité	Antichitate
Chercheur	Cercetător
Civilisation	Civilizație
Descendant	Descendent
Expert	Expert
Ère	Eră
Équipe	Echipă
Évaluation	Evaluare
Fossile	Fosil
Inconnu	Necunoscut
Mystère	Mister
Objets	Obiecte
Os	Oase
Oublié	Uitat
Poterie	Ceramică
Professeur	Profesor
Relique	Relicvă
Temple	Templu
Tombe	Mormânt

Arts Visuels
Arte Vizuale

Architecture	Arhitectură
Argile	Argilă
Artiste	Artist
Céramique	Ceramică
Charbon	Cărbune
Chef-D'Œuvre	Capodoperă
Chevalet	Șevalet
Cire	Ceară
Composition	Compoziție
Craie	Cretă
Crayon	Creion
Créativité	Creativitate
Film	Film
Peinture	Pictura
Perspective	Perspectivă
Photographie	Fotografie
Portrait	Portret
Sculpture	Sculptură
Stylo	Pix
Vernis	Lac

Astronomie
Astronomie

Astéroïde	Asteroid
Astronaute	Astronaut
Astronome	Astronom
Ciel	Cer
Constellation	Constelație
Cosmos	Cosmos
Éclipse	Eclipsă
Équinoxe	Echinocțiu
Fusée	Rachetă
Galaxie	Galaxie
Lune	Luna
Météore	Meteor
Nébuleuse	Nebuloasă
Observatoire	Observator
Planète	Planetă
Radiation	Radiație
Solaire	Solar
Supernova	Supernovă
Terre	Pământ
Univers	Univers

Aventure
Aventuri

Activité	Activitate
Beauté	Frumusețe
Bravoure	Curaj
Chance	Șansă
Dangereux	Periculos
Destination	Destinație
Difficulté	Dificultate
Enthousiasme	Entuziasm
Excursion	Excursie
Inhabituel	Neobișnuit
Itinéraire	Itinerar
Joie	Bucurie
Nature	Natură
Navigation	Navigare
Nouveau	Nou
Opportunité	Oportunitate
Préparation	Pregătirea
Sécurité	Siguranță
Surprenant	Surprinzător
Voyages	Călătorii

Avions
Avioane

Air	Aer
Altitude	Altitudine
Atmosphère	Atmosferă
Atterrissage	Aterizare
Aventure	Aventură
Ballon	Balon
Carburant	Combustibil
Ciel	Cer
Construction	Construcție
Descente	Coborâre
Direction	Direcție
Équipage	Echipaj
Gonfler	Umfla
Hauteur	Înălţime
Histoire	Istorie
Hydrogène	Hidrogen
Moteur	Motor
Passager	Pasager
Pilote	Pilot
Turbulence	Turbulență

Ballet
Balet

Applaudissement	Aplauze
Artistique	Artistic
Ballerine	Balerină
Chorégraphie	Coregrafie
Compétence	Îndemânare
Compositeur	Compozitor
Danseurs	Dansatori
Expressif	Expresiv
Geste	Gest
Gracieux	Grațios
Intensité	Intensitate
Muscles	Mușchi
Musique	Muzică
Orchestre	Orchestră
Public	Public
Répétition	Repetiţie
Rythme	Ritm
Solo	Solo
Style	Stil
Technique	Tehnică

Barbecues
Grătare

Chaud	Fierbinte
Couteaux	Cuțite
Déjeuner	Prânz
Dîner	Cina
Enfants	Copii
Été	Vară
Faim	Foame
Famille	Familie
Fruit	Fruct
Gril	Grătar
Jeux	Jocuri
Légumes	Legume
Musique	Muzică
Oignons	Ceapă
Poivre	Piper
Poulet	Pui
Salades	Salate
Sauce	Sos
Sel	Sare
Tomates	Rosii

Bateaux
Barci

Ancre	Ancoră
Bouée	Geamandură
Canoë	Canoe
Corde	Frânghie
Équipage	Echipaj
Ferry	Bac
Fleuve	Râu
Kayak	Caiac
Lac	Lac
Marée	Maree
Marin	Marinar
Maritime	Maritim
Mât	Catarg
Mer	Mare
Moteur	Motor
Nautique	Nautic
Océan	Ocean
Radeau	Plută
Vagues	Valuri
Yacht	Iaht

Bâtiments
Constructii

Ambassade	Ambasadă
Appartement	Apartament
Cabine	Cabină
Château	Castel
Cinéma	Cinema
École	Şcoală
Garage	Garaj
Grange	Hambar
Hôpital	Spital
Hôtel	Hotel
Laboratoire	Laborator
Musée	Muzeu
Observatoire	Observator
Stade	Stadion
Supermarché	Supermarket
Tente	Cort
Théâtre	Teatru
Tour	Turn
Université	Universitate
Usine	Fabrică

Beauté
Frumusețe

Boucles	Bucle
Charme	Farmec
Ciseaux	Foarfece
Cosmétique	Cosmetice
Couleur	Culoare
Élégance	Eleganță
Élégant	Elegant
Grâce	Graţie
Huiles	Uleiuri
Lisse	Neted
Maquillage	Machiaj
Mascara	Rimel
Miroir	Oglindă
Parfum	Parfum
Peau	Piele
Photogénique	Fotogenic
Rouge à Lèvres	Ruj
Services	Servicii
Shampooing	Șampon
Styliste	Stilist

Biologie
Biologie

Anatomie	Anatomie
Bactéries	Bacterii
Cellule	Celulă
Chromosome	Cromozom
Collagène	Colagen
Embryon	Embrion
Enzyme	Enzimă
Évolution	Evoluţie
Hormone	Hormon
Mammifère	Mamifer
Mutation	Mutaţie
Naturel	Firesc
Nerf	Nerv
Neurone	Neuron
Osmose	Osmoză
Photosynthèse	Fotosinteză
Protéine	Proteină
Reptile	Reptilă
Symbiose	Simbioză
Synapse	Sinapsă

Camping
Camping

Animaux	Animale
Aventure	Aventură
Boussole	Busolă
Cabine	Cabină
Canoë	Canoe
Carte	Hartă
Chapeau	Pălărie
Chasse	Vânătoare
Corde	Frânghie
Équipement	Echipament
Feu	Foc
Forêt	Pădure
Hamac	Hamac
Insecte	Insectă
Lac	Lac
Lanterne	Felinar
Lune	Luna
Montagne	Munte
Nature	Natură
Tente	Cort

Chimie
Chimie

Acide	Acid
Alcalin	Alcalin
Atomique	Atomic
Carbone	Carbon
Catalyseur	Catalizator
Chaleur	Căldură
Chlore	Clor
Enzyme	Enzimă
Électron	Electron
Gaz	Gaz
Hydrogène	Hidrogen
Ion	Ion
Liquide	Lichid
Métaux	Metale
Molécule	Moleculă
Nucléaire	Nuclear
Oxygène	Oxigen
Poids	Greutate
Sel	Sare
Température	Temperatura

Conduite
Conducere

Accident	Accident
Camion	Camion
Carburant	Combustibil
Carte	Hartă
Danger	Pericol
Freins	Frâne
Garage	Garaj
Gaz	Gaz
Licence	Licență
Moteur	Motor
Moto	Motocicletă
Piéton	Pieton
Police	Poliție
Route	Drum
Sécurité	Siguranță
Trafic	Trafic
Transport	Transport
Tunnel	Tunel
Vitesse	Viteză
Voiture	Mașină

Corps Humain
Corpul Uman

Bouche	Gură
Cerveau	Creier
Cheville	Gleznă
Cou	Gât
Coude	Cot
Cœur	Inimă
Doigt	Deget
Estomac	Stomac
Épaule	Umăr
Genou	Genunchi
Lèvres	Buze
Main	Mână
Mâchoire	Falcă
Menton	Bărbie
Nez	Nas
Oreille	Ureche
Peau	Piele
Sang	Sânge
Tête	Cap
Visage	Față

Créativité
Creativitate

Artistique	Artistic
Authenticité	Autenticitate
Clarté	Claritate
Compétence	Îndemânare
Dramatique	Dramatic
Expression	Expresie
Émotions	Emoții
Fluidité	Fluiditate
Idées	Idei
Image	Imagine
Imagination	Imaginație
Impression	Impresie
Inspiration	Inspirație
Intensité	Intensitate
Intuition	Intuiție
Inventif	Inventiv
Sensation	Senzaţie
Spontané	Spontan
Visions	Viziuni
Vitalité	Vitalitate

Cuisine
Bucătărie

Baguettes	Bețișoare
Bol	Castron
Bouilloire	Ceainic
Congélateur	Congelator
Couteaux	Cuțite
Cruche	Ulcior
Cuillères	Linguri
Épices	Condimente
Éponge	Burete
Four	Cuptor
Fourchettes	Furci
Gril	Grătar
Louche	Polonic
Nourriture	Alimente
Pot	Borcan
Recette	Rețetă
Réfrigérateur	Frigider
Serviette	Șervețel
Tablier	Şorţ
Tasses	Cupe

Diplomatie
Diplomație

Ambassade	Ambasadă
Ambassadeur	Ambasador
Citoyens	Cetățeni
Communauté	Comunitate
Conflit	Conflict
Conseiller	Consilier
Coopération	Cooperare
Diplomatique	Diplomatic
Discussion	Discuţie
Éthique	Etică
Étranger	Străin
Gouvernement	Guvern
Humanitaire	Umanitar
Intégrité	Integritate
Justice	Dreptate
Politique	Politică
Résolution	Rezoluţie
Sécurité	Securitate
Solution	Soluţie
Traité	Tratat

Disciplines Scientifiques
Disciplinele Științifice

Anatomie	Anatomie
Archéologie	Arheologie
Astronomie	Astronomie
Biochimie	Biochimie
Biologie	Biologie
Botanique	Botanică
Chimie	Chimie
Écologie	Ecologie
Géologie	Geologie
Immunologie	Imunologie
Linguistique	Lingvistică
Mécanique	Mecanica
Météorologie	Meteorologie
Minéralogie	Mineralogie
Neurologie	Neurologie
Physiologie	Fiziologie
Psychologie	Psihologie
Sociologie	Sociologie
Thermodynamique	Termodinamică
Zoologie	Zoologie

Eau
Apă

Canal	Canal
Douche	Duș
Évaporation	Evaporare
Fleuve	Râu
Flux	Curent
Gel	Îngheț
Geyser	Gheizer
Glace	Gheață
Humide	Umede
Humidité	Umiditate
Inondation	Inundații
Irrigation	Irigare
Lac	Lac
Mousson	Muson
Neige	Zăpadă
Océan	Ocean
Ouragan	Uragan
Pluie	Ploaie
Vagues	Valuri
Vapeur	Abur

Entreprise
Afaceri

Argent	Bani
Boutique	Magazin
Budget	Buget
Bureau	Birou
Carrière	Carieră
Coût	Cost
Devise	Valută
Employeur	Angajator
Employé	Angajat
Entreprise	Companie
Économie	Economie
Finance	Finanţa
Impôts	Taxe
Investissement	Investiții
Marchandise	Marfă
Profit	Profit
Revenu	Venituri
Transaction	Tranzacţie
Usine	Fabrică
Vente	Vânzare

Écologie
Ecologie

Bénévoles	Voluntari
Climat	Climat
Communautés	Comunități
Diversité	Diversitate
Durable	Durabilă
Espèce	Specie
Faune	Faună
Flore	Floră
Global	Global
Habitat	Habitat
Marais	Mlaștină
Marin	Marin
Nature	Natură
Naturel	Firesc
Plantes	Plante
Ressources	Resurse
Sécheresse	Secetă
Survie	Supraviețuire
Variété	Varietate
Végétation	Vegetație

Électricité
Electricitate

Aimant	Magnet
Ampoule	Bec
Batterie	Baterie
Câble	Cablu
Électricien	Electrician
Électrique	Electric
Équipement	Echipament
Fils	Fire
Générateur	Generator
Lampe	Lampă
Laser	Laser
Négatif	Negativ
Objets	Obiecte
Positif	Pozitiv
Prise	Priză
Quantité	Cantitate
Réseau	Rețea
Stockage	Depozitare
Téléphone	Telefon
Télévision	Televiziune

Émotions
Emoţii

Amour	Dragoste
Calme	Calm
Colère	Furie
Contenu	Conţinut
Détendu	Relaxat
Embarrassé	Jenat
Ennui	Plictiseală
Excité	Excitat
Gentillesse	Bunătate
Joie	Bucurie
Paix	Pace
Peur	Frică
Reconnaissant	Recunoscător
Relief	Relief
Satisfait	Satisfăcut
Surprise	Surpriză
Sympathie	Simpatie
Tendresse	Sensibilitate
Tranquillité	Liniște
Tristesse	Tristețe

Énergie
Energie

Batterie	Baterie
Carbone	Carbon
Carburant	Combustibil
Chaleur	Căldură
Diesel	Motorină
Entropie	Entropie
Environnement	Mediu
Essence	Benzină
Électrique	Electric
Électron	Electron
Hydrogène	Hidrogen
Industrie	Industrie
Moteur	Motor
Nucléaire	Nuclear
Photon	Foton
Pollution	Poluare
Renouvelable	Regenerabile
Soleil	Soare
Turbine	Turbină
Vent	Vânt

Épices
Condimente

Aigre	Acru
Ail	Usturoi
Amer	Amar
Anis	Anason
Cannelle	Scorțișoară
Cardamome	Cardamom
Coriandre	Coriandru
Cumin	Chimion
Curry	Curry
Fenouil	Fenicul
Gingembre	Ghimbir
Muscade	Nucşoară
Oignon	Ceapă
Paprika	Paprika
Poivre	Piper
Réglisse	Lemn Dulce
Safran	Șofran
Saveur	Aromă
Sel	Sare
Vanille	Vanilie

Éthique
Etica

Altruisme	Altruism
Compassion	Compasiune
Coopération	Cooperare
Dignité	Demnitate
Diplomatique	Diplomatic
Gentillesse	Bunătate
Honnêteté	Onestitate
Humanité	Umanitate
Individualisme	Individualism
Intégrité	Integritate
Optimisme	Optimism
Patience	Răbdare
Philosophie	Filozofie
Raisonnable	Rezonabil
Rationalité	Raționalitate
Respectueux	Respectuos
Réalisme	Realism
Sagesse	Înțelepciune
Tolérance	Toleranță
Valeurs	Valori

Famille
Familie

Ancêtre	Strămoș
Cousin	Văr
Enfance	Copilărie
Enfant	Copil
Enfants	Copii
Femme	Soție
Fille	Fiica
Frère	Frate
Grand-Mère	Bunica
Grand-Père	Bunic
Mari	Soțul
Maternel	Matern
Mère	Mamă
Neveu	Nepot
Nièce	Nepoată
Oncle	Unchi
Paternel	Patern
Père	Tată
Soeur	Sora
Tante	Mătuşă

Ferme #1
Ferma # 1

Abeille	Albină
Agriculture	Agricultură
Âne	Măgar
Bison	Bizon
Champ	Câmp
Chat	Pisică
Cheval	Cal
Chèvre	Capră
Chien	Câine
Clôture	Gard
Corbeau	Cioară
Eau	Apă
Engrais	Îngrăşământ
Foin	Fân
Miel	Miere
Poulet	Pui
Riz	Orez
Troupeau	Turmă
Vache	Vacă
Veau	Vițel

Ferme #2
Ferma # 2

Agneau	Miel
Agriculteur	Fermier
Animaux	Animale
Berger	Păstor
Blé	Grâu
Canard	Rață
Fruit	Fruct
Grange	Hambar
Irrigation	Irigare
Lait	Lapte
Lama	Lamă
Légume	Vegetal
Maïs	Porumb
Mouton	Oaie
Nourriture	Alimente
Orge	Orz
Pré	Luncă
Ruche	Stup
Tracteur	Tractor
Verger	Livadă

Force et Gravité
Forța și Gravitatea

Axe	Axă
Centre	Centru
Découverte	Descoperire
Distance	Distanţă
Dynamique	Dinamic
Expansion	Expansiune
Friction	Frecare
Impact	Impact
Magnétisme	Magnetism
Mécanique	Mecanica
Mouvement	Mișcare
Orbite	Orbită
Physique	Fizică
Planètes	Planete
Poids	Greutate
Pression	Presiune
Propriétés	Proprietăți
Temps	Timp
Universel	Universal
Vitesse	Viteză

Forêt Tropicale
Pădurea Tropicală

Amphibiens	Amfibieni
Botanique	Botanic
Climat	Climat
Communauté	Comunitate
Diversité	Diversitate
Espèce	Specie
Indigène	Indigene
Insectes	Insecte
Jungle	Junglă
Mammifères	Mamifere
Mousse	Mușchi
Nature	Natură
Nuage	Nori
Oiseaux	Păsări
Précieux	Valoros
Préservation	Conservare
Refuge	Refugiu
Respect	Respect
Restauration	Restaurare
Survie	Supraviețuire

Formes
Forme

Arc	Arc
Bords	Margini
Carré	Pătrat
Cercle	Cerc
Coin	Colț
Courbe	Curbă
Cône	Con
Côté	Parte
Cube	Cub
Cylindre	Cilindru
Ellipse	Elipsă
Hyperbole	Hiperbolă
Ligne	Linia
Ovale	Oval
Polygone	Poligon
Prisme	Prismă
Pyramide	Piramidă
Rectangle	Dreptunghi
Sphère	Sferă
Triangle	Triunghi

Fournitures d'Art
Materiale de Artă

Acrylique	Acrilic
Aquarelles	Acuarele
Argile	Lut
Brosses	Perii
Caméra	Aparat Foto
Chaise	Scaun
Charbon	Cărbune
Chevalet	Șevalet
Colle	Lipici
Couleurs	Culori
Crayons	Creioane
Créativité	Creativitate
Eau	Apă
Encre	Cerneală
Gomme	Radieră
Huile	Ulei
Idées	Idei
Papier	Hârtie
Pastels	Pasteluri
Table	Tabel

Fruit
Fructe

Abricot	Caisă
Ananas	Ananas
Avocat	Avocado
Baie	Bacă
Banane	Banană
Cerise	Cireașă
Citron	Lămâie
Figue	Fig
Framboise	Zmeură
Goyave	Guava
Kiwi	Kiwi
Mangue	Mango
Melon	Pepene
Nectarine	Nectarină
Orange	Portocaliu
Papaye	Papaya
Pêche	Piersică
Poire	Pară
Pomme	Măr
Raisin	Struguri

Géographie
Geografie

Altitude	Altitudine
Atlas	Atlas
Carte	Hartă
Continent	Continent
Fleuve	Râu
Hémisphère	Emisferă
Île	Insulă
Latitude	Latitudine
Mer	Mare
Méridien	Meridian
Monde	Lume
Montagne	Munte
Nord	Nord
Océan	Ocean
Ouest	Vest
Pays	Țară
Région	Regiune
Sud	Sud
Territoire	Teritoriu
Ville	Oraș

Géologie
Geologie

Acide	Acid
Calcium	Calciu
Caverne	Cavernă
Continent	Continent
Corail	Coral
Couche	Strat
Cristaux	Cristale
Érosion	Eroziune
Fondu	Topit
Fossile	Fosil
Geyser	Gheizer
Lave	Lavă
Minéraux	Minerale
Pierre	Piatră
Plateau	Platou
Quartz	Cuarț
Sel	Sare
Stalactite	Stalactit
Volcan	Vulcan
Zone	Zonă

Géométrie
Geometrie

Angle	Unghi
Calcul	Calcul
Cercle	Cerc
Courbe	Curbă
Diamètre	Diametru
Dimension	Dimensiune
Équation	Ecuație
Hauteur	Înălţime
Logique	Logică
Masse	Masă
Médian	Mediană
Nombre	Număr
Parallèle	Paralel
Proportion	Proporţie
Segment	Segment
Surface	Suprafaţă
Symétrie	Simetrie
Théorie	Teorie
Triangle	Triunghi
Vertical	Vertical

Gouvernement
Guvern

Citoyenneté	Cetățenie
Civil	Civil
Constitution	Constituție
Démocratie	Democraţie
Discours	Vorbire
Discussion	Discuţie
Droits	Drepturi
Égalité	Egalitate
État	Stat
Indépendance	Independenţă
Judiciaire	Juridic
Justice	Dreptate
Liberté	Libertate
Loi	Lege
Monument	Monument
Nation	Națiune
National	Naţional
Paisible	Pașnică
Politique	Politică
Symbole	Simbol

Herboristerie
Plante Medicinale

Ail	Usturoi
Aromatique	Aromat
Basilic	Busuioc
Bénéfique	Benefic
Culinaire	Culinar
Estragon	Tarhon
Fenouil	Fenicul
Fleur	Floare
Ingrédient	Ingredient
Jardin	Grădină
Lavande	Lavandă
Marjolaine	Maghiran
Menthe	Mentă
Persil	Pătrunjel
Qualité	Calitate
Romarin	Rozmarin
Safran	Șofran
Saveur	Aromă
Thym	Cimbru
Vert	Verde

Ingénierie
Inginerie

Angle	Unghi
Axe	Axă
Calcul	Calcul
Construction	Construcție
Diagramme	Diagramă
Diamètre	Diametru
Diesel	Motorină
Distribution	Distribuție
Engrenages	Unelte
Énergie	Energie
Force	Tărie
Liquide	Lichid
Machine	Mașină
Mesure	Măsurare
Moteur	Motor
Profondeur	Adâncime
Propulsion	Propulsie
Rotation	Rotație
Stabilité	Stabilitate
Structure	Structura

Instruments de Musique
Instrumente Muzicale

Banjo	Banjo
Basson	Fagot
Clarinette	Clarinet
Flûte	Flaut
Gong	Gong
Guitare	Chitară
Harmonica	Muzicuță
Harpe	Harpă
Hautbois	Oboi
Mandoline	Mandolină
Marimba	Marimba
Percussion	Percuţie
Piano	Pian
Saxophone	Saxofon
Tambour	Tobă
Tambourin	Tamburină
Trombone	Trombon
Trompette	Trompetă
Violon	Vioară
Violoncelle	Violoncel

Jardin
Grădină

Arbre	Copac
Banc	Bancă
Buisson	Tufiș
Clôture	Gard
Étang	Iaz
Fleur	Floare
Garage	Garaj
Hamac	Hamac
Herbe	Iarbă
Jardin	Grădină
Mauvaises Herbes	Buruieni
Pelle	Lopată
Pelouse	Gazon
Porche	Verandă
Râteau	Greblă
Sol	Sol
Terrasse	Terasă
Trampoline	Trambulină
Tuyau	Furtun
Verger	Livadă

Jazz
Jazz

Album	Album
Artiste	Artist
Célèbre	Celebru
Chanson	Cântec
Compositeur	Compozitor
Composition	Compoziţie
Concert	Concert
Favoris	Favorite
Genre	Gen
Improvisation	Improvizaţie
Musique	Muzică
Nouveau	Nou
Orchestre	Orchestră
Rythme	Ritm
Solo	Solo
Style	Stil
Talent	Talent
Tambours	Tobe
Technique	Tehnică
Vieux	Vechi

Jours et Mois
Zile și Lunile

Août	August
Avril	Aprilie
Calendrier	Calendar
Dimanche	Duminică
Février	Februarie
Janvier	Ianuarie
Jeudi	Joi
Juillet	Iulie
Juin	Iunie
Lundi	Luni
Mardi	Marți
Mars	Martie
Mercredi	Miercuri
Mois	Lună
Novembre	Noiembrie
Octobre	Octombrie
Samedi	Sâmbătă
Semaine	Săptămână
Septembre	Septembrie
Vendredi	Vineri

L'Entreprise
Compania

Affaires	Afaceri
Créatif	Creativ
Décision	Decizie
Emploi	Angajare
Global	Global
Industrie	Industrie
Innovant	Inovator
Investissement	Investiții
Possibilité	Posibilitate
Présentation	Prezentare
Produit	Produs
Professionnel	Profesional
Progrès	Progres
Qualité	Calitate
Ressources	Resurse
Revenu	Venituri
Réputation	Reputatie
Risques	Riscuri
Tendances	Tendințe
Unités	Unități

Les Abeilles
Albinele

Ailes	Aripi
Bénéfique	Benefic
Cire	Ceară
Diversité	Diversitate
Essaim	Roi
Écosystème	Ecosistem
Fleurs	Flori
Fruit	Fruct
Fumée	Fum
Habitat	Habitat
Insecte	Insectă
Jardin	Grădină
Miel	Miere
Nourriture	Alimente
Plantes	Plante
Pollen	Polen
Pollinisateur	Polenizator
Reine	Regină
Ruche	Stup
Soleil	Soare

Les Médias
Mass-Media

Attitudes	Atitudini
Commercial	Comercial
Communication	Comunicare
En Ligne	Online
Édition	Ediție
Éducation	Educație
Faits	Fapte
Images	Imagini
Individuel	Individual
Industrie	Industrie
Intellectuel	Intelectual
Journaux	Presă
Local	Local
Numérique	Digital
Opinion	Opinie
Photos	Fotografii
Public	Public
Radio	Radio
Réseau	Rețea
Télévision	Televiziune

Légumes
Legume

Ail	Usturoi
Artichaut	Anghinare
Aubergine	Vânătă
Brocoli	Broccoli
Carotte	Morcov
Céleri	Țelină
Champignon	Ciupercă
Citrouille	Dovleac
Concombre	Castravete
Échalote	Șalotă
Épinard	Spanac
Gingembre	Ghimbir
Navet	Nap
Oignon	Ceapă
Olive	Măslină
Persil	Pătrunjel
Pois	Mazăre
Radis	Ridiche
Salade	Salată
Tomate	Roșie

Littérature
Literatură

Analogie	Analogie
Analyse	Analiză
Anecdote	Anecdotă
Auteur	Autor
Biographie	Biografie
Comparaison	Comparație
Conclusion	Concluzie
Description	Descriere
Dialogue	Dialog
Fiction	Ficțiune
Métaphore	Metaforă
Narrateur	Narator
Poème	Poem
Poétique	Poetic
Rime	Rimă
Roman	Roman
Rythme	Ritm
Style	Stil
Thème	Temă
Tragédie	Tragedie

Livres
Cărți

Auteur	Autor
Aventure	Aventură
Collection	Colecție
Contexte	Context
Dualité	Dualitate
Épique	Epic
Histoire	Poveste
Historique	Istoric
Humoristique	Plin de Umor
Inventif	Inventiv
Lecteur	Cititor
Littéraire	Literar
Narrateur	Narator
Page	Pagină
Pertinent	Relevant
Poème	Poem
Poésie	Poezie
Roman	Roman
Série	Serie
Tragique	Tragic

Maison
Casa

Balai	Mătură
Bibliothèque	Bibliotecă
Chambre	Cameră
Cheminée	Vatră
Clés	Chei
Clôture	Gard
Cuisine	Bucătărie
Douche	Duș
Fenêtre	Fereastră
Garage	Garaj
Grenier	Mansardă
Jardin	Grădină
Lampe	Lampă
Miroir	Oglindă
Mur	Perete
Plafond	Tavan
Porte	Ușă
Rideaux	Perdele
Tapis	Covor
Toit	Acoperiș

Maladie
Boală

Abdominal	Abdominal
Allergies	Alergii
Bien-Être	Bunastare
Chronique	Cronic
Contagieux	Contagios
Corps	Corp
Cœur	Inimă
Faible	Slab
Génétique	Genetic
Héréditaire	Ereditar
Immunité	Imunitate
Inflammation	Iritare
Lombaire	Lombar
Neuropathie	Neuropatie
Os	Oase
Pulmonaire	Pulmonar
Respiratoire	Respiratorii
Santé	Sănătate
Syndrome	Sindrom
Thérapie	Terapie

Mammifères
Mamiferele

Baleine	Balenă
Chat	Pisică
Cheval	Cal
Chien	Câine
Coyote	Coiot
Dauphin	Delfin
Éléphant	Elefant
Girafe	Girafă
Gorille	Gorilă
Kangourou	Cangur
Lapin	Iepure
Lion	Leu
Loup	Lup
Mouton	Oaie
Ours	Urs
Renard	Vulpe
Singe	Maimuţă
Taureau	Taur
Tigre	Tigru
Zèbre	Zebră

Mathématiques
Matematică

Angles	Unghiuri
Arithmétique	Aritmetică
Carré	Pătrat
Circonférence	Circumferinţă
Décimal	Zecimal
Diamètre	Diametru
Exposant	Exponent
Équation	Ecuaţie
Fraction	Fracțiune
Géométrie	Geometrie
Parallèle	Paralel
Parallélogramme	Paralelogram
Perpendiculaire	Perpendicular
Périmètre	Perimetru
Polygone	Poligon
Rectangle	Dreptunghi
Somme	Sumă
Symétrie	Simetrie
Triangle	Triunghi
Volume	Volum

Mesures
Măsurătorile

Centimètre	Centimetru
Degré	Grad
Décimal	Zecimal
Gramme	Gram
Hauteur	Înălţime
Kilogramme	Kilogram
Kilomètre	Kilometru
Largeur	Lăţime
Litre	Litru
Longueur	Lungime
Masse	Masă
Mètre	Metru
Minute	Minut
Octet	Byte
Once	Uncie
Poids	Greutate
Pouce	Inch
Profondeur	Adâncime
Tonne	Tonă
Volume	Volum

Méditation
Meditaţie

Acceptation	Acceptare
Attention	Atenție
Calme	Calm
Clarté	Claritate
Compassion	Compasiune
Émotions	Emoții
Éveillé	Treaz
Gentillesse	Bunătate
Gratitude	Recunoștință
Habitudes	Obiceiuri
Mental	Mental
Mouvement	Mișcare
Musique	Muzică
Nature	Natură
Observation	Observare
Paix	Pace
Perspective	Perspectivă
Posture	Postură
Respiration	Respirație
Silence	Tăcere

Météo
Vremea

Arc-En-Ciel	Curcubeu
Atmosphère	Atmosferă
Brise	Briză
Brouillard	Ceață
Calme	Calm
Ciel	Cer
Climat	Climat
Glace	Gheață
Mousson	Muson
Nuage	Nor
Ouragan	Uragan
Polaire	Polar
Sec	Uscat
Sécheresse	Secetă
Température	Temperatura
Tempête	Furtună
Tonnerre	Tunet
Tornade	Tornadă
Tropical	Tropicale
Vent	Vânt

Mode
Modă

Abordable	Accesibil
Boutique	Butic
Boutons	Butoane
Broderie	Broderie
Cher	Scump
Dentelle	Dantelă
Élégant	Elegant
Minimaliste	Minimalist
Moderne	Modern
Modeste	Modest
Modèle	Model
Original	Original
Pratique	Practic
Simple	Simplu
Sophistiqué	Sofisticat
Style	Stil
Tendance	Tendință
Texture	Textură
Tissu	Țesătură
Vêtements	Îmbrăcăminte

Musique
Muzica

Album	Album
Ballade	Baladă
Chanter	Cânta
Chanteur	Cântăreț
Classique	Clasic
Enregistrement	Înregistrare
Harmonie	Armonie
Harmonique	Armonic
Instrument	Instrument
Lyrique	Liric
Mélodie	Melodie
Microphone	Microfon
Musical	Muzical
Musicien	Muzician
Opéra	Operă
Poétique	Poetic
Rythme	Ritm
Rythmique	Ritmic
Tempo	Tempo
Vocal	Vocal

Mythologie
Mitologie

Archétype	Arhetip
Catastrophe	Dezastru
Comportement	Comportament
Création	Creare
Créature	Făptură
Croyances	Credințe
Culture	Cultură
Éclair	Fulger
Force	Tărie
Guerrier	Războinic
Héros	Erou
Immortalité	Nemurire
Jalousie	Gelozie
Labyrinthe	Labirint
Légende	Legendă
Magique	Magic
Monstre	Monstru
Mortel	Muritor
Tonnerre	Tunet
Vengeance	Răzbunare

Nature
Natura

Abeilles	Albine
Abri	Adăpost
Animaux	Animale
Arctique	Arctic
Beauté	Frumusețe
Brouillard	Ceață
Désert	Deșert
Dynamique	Dinamic
Érosion	Eroziune
Feuillage	Frunze
Fleuve	Râu
Forêt	Pădure
Glacier	Ghețar
Nuage	Nori
Paisible	Pașnică
Sanctuaire	Sanctuar
Sauvage	Sălbatic
Serein	Senin
Tropical	Tropical
Vital	Vital

Nombres
Numerele

Cinq	Cinci
Deux	Doi
Décimal	Zecimal
Dix	Zece
Dix-Huit	Optsprezece
Dix-Neuf	Nouăsprezece
Dix-Sept	Șaptesprezece
Douze	Doisprezece
Huit	Opt
Neuf	Nouă
Quatorze	Paisprezece
Quatre	Patru
Quinze	Cincisprezece
Seize	Șaisprezece
Sept	Șapte
Six	Șase
Treize	Treisprezece
Trois	Trei
Vingt	Douăzeci
Zéro	Zero

Nourriture #1
Alimente #1

Ail	Usturoi
Basilic	Busuioc
Café	Cafea
Cannelle	Scorțișoară
Carotte	Morcov
Citron	Lămâie
Épinard	Spanac
Fraise	Căpșună
Jus	Suc
Lait	Lapte
Navet	Nap
Oignon	Ceapă
Orge	Orz
Poire	Pară
Salade	Salată
Sel	Sare
Soupe	Supă
Sucre	Zahăr
Thon	Ton
Viande	Carne

Nourriture #2
Alimente #2

Amande	Migdală
Aubergine	Vânătă
Banane	Banană
Blé	Grâu
Brocoli	Broccoli
Cerise	Cireașă
Céleri	Țelină
Champignon	Ciupercă
Chocolat	Ciocolată
Jambon	Șuncă
Kiwi	Kiwi
Mangue	Mango
Oeuf	Ou
Pain	Pâine
Poisson	Peşte
Pomme	Măr
Poulet	Pui
Raisin	Struguri
Riz	Orez
Tomate	Roșie

Nutrition
Alimentație

Amer	Amar
Appétit	Apetit
Calories	Calorii
Comestible	Comestibil
Diète	Dietă
Digestion	Digestie
Épices	Condimente
Équilibré	Echilibrat
Fermentation	Fermentaţie
Glucides	Glucide
Liquides	Lichide
Poids	Greutate
Protéines	Proteine
Qualité	Calitate
Sain	Sănătos
Santé	Sănătate
Sauce	Sos
Saveur	Aromă
Toxine	Toxină
Vitamine	Vitamină

Océan
Ocean

Algue	Alge
Anguille	Anghilă
Baleine	Balenă
Bateau	Barcă
Corail	Coral
Crabe	Crab
Crevette	Crevetă
Dauphin	Delfin
Éponge	Burete
Huître	Stridie
Marées	Maree
Méduse	Meduze
Poisson	Peşte
Poulpe	Caracatiță
Requin	Rechin
Récif	Recif
Sel	Sare
Tempête	Furtună
Thon	Ton
Vagues	Valuri

Oiseaux
Păsări

Aigle	Vultur
Autruche	Struț
Canard	Rață
Cigogne	Barză
Colombe	Porumbel
Corbeau	Cioară
Coucou	Cuc
Cygne	Lebădă
Flamant	Flamingo
Héron	Stârc
Manchot	Pinguin
Moineau	Vrabie
Mouette	Pescăruș
Oeuf	Ou
Oie	Gâscă
Paon	Păun
Perroquet	Papagal
Pélican	Pelican
Poulet	Pui
Toucan	Toucan

Pays #1
Țările #1

Afghanistan	Afganistan
Allemagne	Germania
Argentine	Argentina
Brésil	Brazilia
Canada	Canada
Espagne	Spania
Équateur	Ecuador
Finlande	Finlanda
Inde	India
Israël	Israel
Libye	Libia
Mali	Mali
Maroc	Maroc
Nicaragua	Nicaragua
Norvège	Norvegia
Panama	Panama
Philippines	Filipine
Pologne	Polonia
Roumanie	România
Venezuela	Venezuela

Pays #2
Țările #2

Albanie	Albania
Chine	China
Danemark	Danemarca
France	Franţa
Haïti	Haiti
Indonésie	Indonezia
Irlande	Irlanda
Jamaïque	Jamaica
Japon	Japonia
Kenya	Kenya
Laos	Laos
Liban	Liban
Mexique	Mexic
Ouganda	Uganda
Pakistan	Pakistan
Russie	Rusia
Somalie	Somalia
Soudan	Sudan
Syrie	Siria
Ukraine	Ucraina

Paysages
Peisaje

Cascade	Cascadă
Colline	Deal
Désert	Deșert
Estuaire	Estuar
Fleuve	Râu
Geyser	Gheizer
Glacier	Ghețar
Grotte	Peșteră
Iceberg	Aisberg
Île	Insulă
Lac	Lac
Marais	Mlaștină
Mer	Mare
Montagne	Munte
Oasis	Oază
Péninsule	Peninsulă
Plage	Plajă
Toundra	Tundră
Vallée	Vale
Volcan	Vulcan

Philanthropie
Filantropie

Besoin	Nevoie
Buts	Obiectivele
Charité	Caritate
Communauté	Comunitate
Contacts	Contacte
Défis	Provocări
Enfants	Copii
Finance	Finanţa
Fonds	Fonduri
Gens	Oameni
Générosité	Generozitate
Global	Global
Groupes	Grupuri
Histoire	Istorie
Honnêteté	Onestitate
Humanité	Umanitate
Jeunesse	Tineret
Mission	Misiune
Programmes	Programe
Public	Public

Physique
Fizică

Accélération	Accelerare
Atome	Atom
Chaos	Haos
Chimique	Chimic
Densité	Densitate
Électron	Electron
Formule	Formulă
Fréquence	Frecvență
Gaz	Gaz
Gravité	Gravitație
Magnétisme	Magnetism
Masse	Masă
Mécanique	Mecanica
Molécule	Moleculă
Moteur	Motor
Nucléaire	Nuclear
Particule	Particulă
Relativité	Relativitate
Universel	Universal
Vitesse	Viteză

Plantes
Plante

Arbre	Copac
Baie	Bacă
Bambou	Bambus
Botanique	Botanică
Buisson	Tufiș
Cactus	Cactus
Engrais	Îngrăşământ
Feuillage	Frunze
Fleur	Floare
Flore	Floră
Forêt	Pădure
Grandir	Crește
Haricot	Fasole
Herbe	Iarbă
Jardin	Grădină
Lierre	Iederă
Mousse	Mușchi
Pétale	Petală
Racine	Rădăcină
Végétation	Vegetație

Professions #1
Profesiile #1

Ambassadeur	Ambasador
Artiste	Artist
Astronome	Astronom
Avocat	Avocat
Banquier	Bancher
Bijoutier	Bijutier
Cartographe	Cartograf
Chasseur	Vânător
Danseur	Dansator
Entraîneur	Antrenor
Éditeur	Editor
Géologue	Geolog
Médecin	Doctor
Musicien	Muzician
Pianiste	Pianist
Plombier	Instalator
Pompier	Pompier
Psychologue	Psiholog
Scientifique	Om de Știință
Vétérinaire	Veterinar

Professions #2
Profesiile #2

Astronaute	Astronaut
Bibliothécaire	Bibliotecar
Biologiste	Biolog
Chercheur	Cercetător
Chirurgien	Chirurg
Dentiste	Dentist
Détective	Detectiv
Enseignant	Profesor
Illustrateur	Ilustrator
Ingénieur	Inginer
Inventeur	Inventator
Jardinier	Grădinar
Journaliste	Jurnalist
Linguiste	Lingvist
Médecin	Medic
Peintre	Pictor
Philosophe	Filozof
Photographe	Fotograf
Pilote	Pilot
Zoologiste	Zoolog

Psychologie
Psihologie

Clinique	Clinic
Comportement	Comportament
Conflit	Conflict
Ego	Ego
Enfance	Copilărie
Expériences	Experiențe
Émotions	Emoții
Évaluation	Evaluare
Idées	Idei
Inconscient	Inconştient
Pensées	Gânduri
Perception	Percepţie
Personnalité	Personalitate
Problème	Problemă
Rendez-Vous	Programare
Réalité	Realitate
Rêves	Vise
Sensation	Senzaţie
Subconscient	Subconștient
Thérapie	Terapie

Randonnée
Drumeții

Animaux	Animale
Bottes	Cizme
Camping	Camping
Carte	Hartă
Climat	Climat
Eau	Apă
Falaise	Stâncă
Fatigué	Obosit
Guides	Ghiduri
Lourd	Greu
Météo	Vreme
Montagne	Munte
Nature	Natură
Orientation	Orientare
Parcs	Parcuri
Pierres	Pietre
Préparation	Pregătirea
Sauvage	Sălbatic
Soleil	Soare
Sommet	Summit

Restaurant #2
Restaurantul #2

Apéritif	Aperitiv
Boisson	Băutură
Chaise	Scaun
Cuillère	Lingură
Déjeuner	Prânz
Délicieux	Delicios
Dîner	Cina
Eau	Apă
Épices	Condimente
Fourchette	Furcă
Fruit	Fruct
Gâteau	Tort
Glace	Gheață
Légumes	Legume
Oeuf	Ouă
Poisson	Peşte
Salade	Salată
Sel	Sare
Serveur	Chelner
Soupe	Supă

Réchauffement Climatique
Încălzirea Globală

Arctique	Arctic
Attention	Atenție
Climat	Climat
Crise	Criză
Développement	Dezvoltare
Données	Date
Environnemental	Mediu
Énergie	Energie
Futur	Viitor
Gaz	Gaz
Générations	Generații
Gouvernement	Guvern
Habitats	Habitate
Industrie	Industrie
International	Internațional
Législation	Legislație
Maintenant	Acum
Populations	Populații
Scientifique	Om de Știință
Températures	Temperaturi

Santé et Bien-Être #1
Sănătate și Bunăstare #1

Actif	Activ
Bactéries	Bacterii
Clinique	Clinica
Faim	Foame
Fracture	Fractură
Habitude	Obicei
Hauteur	Înălțime
Hormone	Hormoni
Médecin	Doctor
Médicament	Medicină
Muscles	Mușchi
Os	Oase
Peau	Piele
Pharmacie	Farmacie
Posture	Postură
Relaxation	Relaxare
Réflexe	Reflex
Thérapie	Terapie
Traitement	Tratament
Virus	Virus

Santé et Bien-Être #2
Sănătate și Bunăstare #2

Allergie	Alergie
Anatomie	Anatomie
Appétit	Apetit
Calorie	Calorii
Corps	Corp
Déshydratation	Deshidratare
Énergie	Energie
Génétique	Genetică
Hôpital	Spital
Hygiène	Igienă
Infection	Infecţie
Maladie	Boala
Massage	Masaj
Nutrition	Nutriție
Poids	Greutate
Récupération	Recuperare
Sain	Sănătos
Sang	Sânge
Stress	Stres
Vitamine	Vitamină

Science
Ştiinţă

Atome	Atom
Chimique	Chimic
Climat	Climat
Données	Date
Expérience	Experiment
Évolution	Evoluţie
Fait	Fapt
Fossile	Fosil
Gravité	Gravitație
Hypothèse	Ipoteză
Laboratoire	Laborator
Méthode	Metodă
Minéraux	Minerale
Molécules	Molecule
Nature	Natură
Observation	Observare
Organisme	Organism
Particules	Particule
Physique	Fizică
Scientifique	Om de Știință

Science-Fiction
Operă Științifico-Fantas

Atomique	Atomic
Cinéma	Cinema
Explosion	Explozie
Extrême	Extrem
Fantastique	Fantastic
Feu	Foc
Futuriste	Futurist
Galaxie	Galaxie
Illusion	Iluzie
Imaginaire	Imaginar
Livres	Cărți
Monde	Lume
Mystérieux	Misterios
Oracle	Oracol
Planète	Planetă
Réaliste	Realist
Robots	Roboți
Scénario	Scenariu
Technologie	Tehnologie
Utopie	Utopie

Temps
Timp

Année	An
Annuel	Anual
Après	După
Avant	Înainte
Bientôt	Curând
Calendrier	Calendar
Décennie	Deceniu
Futur	Viitor
Heure	Oră
Hier	Ieri
Horloge	Ceas
Jour	Zi
Maintenant	Acum
Matin	Dimineaţă
Midi	Amiază
Minute	Minut
Mois	Lună
Nuit	Noapte
Semaine	Săptămână
Siècle	Secol

Types de Cheveux
Tipuri de Par

Argent	Argint
Blanc	Alb
Blond	Blond
Boucles	Bucle
Brillant	Lucios
Chauve	Chel
Coloré	Colorate
Court	Scurt
Doux	Moale
Épais	Gros
Frisé	Cret
Gris	Gri
Long	Lung
Marron	Maro
Mince	Subțire
Noir	Negru
Ondulé	Ondulat
Sain	Sănătos
Sec	Uscat
Tressé	Împletit

Univers
Universul

Astéroïde	Asteroid
Astronome	Astronom
Astronomie	Astronomie
Atmosphère	Atmosferă
Ciel	Cer
Cosmique	Cosmic
Équateur	Ecuator
Galaxie	Galaxie
Hémisphère	Emisferă
Horizon	Orizont
Latitude	Latitudine
Longitude	Longitudine
Lune	Luna
Obscurité	Întuneric
Orbite	Orbită
Solaire	Solar
Solstice	Solstițiu
Télescope	Telescop
Visible	Vizibil
Zodiaque	Zodiac

Vacances #2
Vacanță #2

Aéroport	Aeroport
Camping	Camping
Carte	Hartă
Destination	Destinaţie
Étranger	Străin
Hôtel	Hotel
Île	Insulă
Loisir	Timp Liber
Mer	Mare
Passeport	Pașaport
Plage	Plajă
Restaurant	Restaurant
Réservations	Rezervări
Taxi	Taxi
Tente	Cort
Train	Tren
Transport	Transport
Vacances	Vacanță
Visa	Viză
Voyage	Călătorie

Vertus #1
Virtuțile #1

Artistique	Artistic
Bon	Bun
Charmant	Fermecător
Confiant	Încrezător
Curieux	Curios
Décisif	Decisiv
Drôle	Amuzant
Efficace	Eficient
Fiable	De Încredere
Généreux	Generos
Imaginatif	Imaginativ
Indépendant	Independent
Intelligent	Inteligent
Modeste	Modest
Passionné	Pasionat
Patient	Pacient
Pratique	Practic
Propre	Curat
Sage	Înțelept
Utile	Util

Véhicules
Autovehicule

Ambulance	Ambulanță
Avion	Avion
Bateau	Barcă
Bus	Autobuz
Camion	Camion
Caravane	Caravană
Ferry	Bac
Fusée	Rachetă
Hélicoptère	Elicopter
Métro	Metrou
Moteur	Motor
Navette	Navetă
Pneus	Anvelope
Radeau	Plută
Scooter	Scuter
Sous-Marin	Submarin
Taxi	Taxi
Tracteur	Tractor
Vélo	Bicicletă
Voiture	Mașină

Vêtements
Haine

Bracelet	Brățară
Ceinture	Curea
Chapeau	Pălărie
Chaussure	Pantof
Chemise	Cămaşă
Chemisier	Bluză
Collier	Colier
Foulard	Eșarfă
Gants	Mănuși
Jeans	Blugi
Jupe	Fusta
Manteau	Haina
Mode	Modă
Pantalon	Pantaloni
Pull	Pulover
Pyjama	Pijama
Robe	Rochie
Sandales	Sandale
Tablier	Şorţ
Veste	Sacou

Ville
Oraș

Aéroport	Aeroport
Banque	Bancă
Bibliothèque	Bibliotecă
Boulangerie	Brutărie
Cinéma	Cinema
Clinique	Clinica
École	Şcoală
Fleuriste	Florar
Galerie	Galerie
Hôtel	Hotel
Librairie	Librărie
Marché	Piață
Musée	Muzeu
Pharmacie	Farmacie
Restaurant	Restaurant
Salon	Salon
Stade	Stadion
Supermarché	Supermarket
Théâtre	Teatru
Université	Universitate

Félicitations

Vous avez réussi !

Nous espérons que vous avez apprécié ce livre autant que nous avons pris plaisir à le concevoir. Nous faisons de notre mieux pour créer des livres de la meilleure qualité possible.
Cette édition est conçue pour permettre un apprentissage intelligent et de qualité en se divertissant !

Vous avez aimé ce livre ?

Une Simple Demande

Nos livres existent grâce aux avis que vous publiez. Pourriez-vous nous aider en laissant un avis maintenant ?

Voici un lien rapide qui vous mènera à votre page d'évaluation de vos commandes :

BestBooksActivity.com/Avis50

CHALLENGE FINAL !

Défi n°1

Êtes-vous prêt pour votre jeu bonus ? Nous les utilisons tout le temps mais ils ne sont pas si faciles à trouver. Voici les **Synonymes** !

Notez 5 mots que vous avez trouvés dans les puzzles notés ci-dessous (n°21, n°36, n°76) et essayez de trouver 2 synonymes pour chaque mot.

Notez 5 Mots du ***Puzzle 21***

Mots	Synonyme 1	Synonyme 2

Notez 5 Mots du ***Puzzle 36***

Mots	Synonyme 1	Synonyme 2

Notez 5 Mots du ***Puzzle 76***

Mots	Synonyme 1	Synonyme 2

Défi n°2

Maintenant que vous vous êtes échauffé, notez 5 mots que vous avez découverts dans les Puzzles n° 9, n° 17, n° 25 et essayez de trouver 2 antonymes pour chaque mot. Combien pouvez-vous en trouver en 20 minutes ?

*Notez 5 Mots du **Puzzle 9***

Mots	Antonyme 1	Antonyme 2

*Notez 5 Mots du **Puzzle 17***

Mots	Antonyme 1	Antonyme 2

*Notez 5 Mots du **Puzzle 25***

Mots	Antonyme 1	Antonyme 2

Défi n°3

Formidable ! Ce défi final  n'est rien pour vous.

Prêt pour le dernier défi ? Choisissez 10 mots que vous avez découverts parmi les différents puzzles et notez-les ci-dessous.

1.	6.
2.	7.
3.	8.
4.	9.
5.	10.

Maintenant, composez un texte en pensant à une personne, un animal ou un lieu que vous aimez !

Astuce: Vous pouvez utiliser la dernière page de ce livre comme brouillon !

Votre Composition :

CARNET DE NOTES :

À TRÈS BIENTÔT !

Toute l'équipe

www.ingramcontent.com/pod-product-compliance
Lightning Source LLC
Chambersburg PA
CBHW082208120626
46553CB00010B/3059
9798896705437